歴史文化ライブラリー
76

縄文の実像を求めて

今村啓爾

吉川弘文館

目次

縄文時代とはどのような時代か——プロローグ

1　縄文時代とはどのような時代か

日本列島に約一万年の長さにわたって続いた縄文時代、これがどういう時代であったのか。それが本書の主題である。ただしそれは従来概説書に記されてきたような縄文時代観の紹介ではないし、まして近年マスコミ主導で形成されつつある夢のような縄文時代像でもない。縄文時代とはどんな時代であったかを、最新の資料を動員して大胆に、しかし冷静に構想しようとするものである。

縄文時代の舞台は、氷河時代が過ぎ去り気候条件が現在とほぼ同じになった時代である。この現在に近い気候の時代の始まりから現在までの時間の約八割を縄文時代が占めている。この長さひとつとってみても、日本列島の人類史という点で縄文時代が重要でないはずはない。しかしときに考古学者ですらこの長さを実感していないのではないかと思うことがある。縄文文化がゆっくりと発達し、人口も増え、中期にピークに達すると停滞し、地域によっては衰退して弥生時代に引き継がれるという実に単純な展開を頭に描いている人が多い。これは本書の中で否定される図式である。

この七、八年、縄文時代は新聞やテレビで以前にもまして報道されるようになり、一般の人にとってもずいぶん身近な存在になった。ただそのような報道の多くは、「一番古い」、「一番大きい」、「こんなにすごいものがみつかった」という内容で、人を驚かす点ばかりが強調されているので、一般市民にとっては、とにかく縄文時代はすごいんだということになり、かえって冷静な縄文時代像は見えにくくなっているのではないだろうか。縄文文化が世界的に見ても特異な発達をとげた文化であることは本書でも繰り返し述べるところであるが、縄文時代を理解するには、目立つ点ばかりを強調するのではなく、地味な部分も総合してとらえなければならない。

縄文時代に農耕の証拠を見つけ出し、縄文時代を狩猟採集の時代とする定説を覆すこと、これが縄文研究に繰り返し挑戦された新説であった。ただそれが記録伸ばし、一定のレールの上で変換点をずらそうとするだけの主張なら、レベルの低い単純な問題意識に発するものといわざるをえない。むしろ日本考古学の発展が、狩猟採集や農耕牧畜という世界史の大区分自体を考えなおし、人類の発展の経路を複線的にとらえることを要求していることこそ重要であろう。

縄文時代が世界の人類の歩みの中でどのように位置づけられるのか、この問題は縄文時代だけを詳しく見てもわからない、同じころの世界各地を見て、それ以前、それ以後と比較してはじめてその特徴が浮かび上がる。もっともそれを十分行う力は筆者にはないし、紙面も限られているので、本書ではアジアにおける縄文文化の位置づけと弥生文化との対比だけを簡単に行う。それでも狩猟採集か、いつから農耕に移行したかという単純な図式をこえて縄文文化の本質が見えてくることであろう。

考古学の情報は、日本ほどの洪水ではないにしても、日本の周辺の韓国、中国、極東ロシア、東南アジアなどでも着実に増加しており、新しい展望をひらいてきた。それによって日本の先史文化がたどった発展コースの独自性もますます鮮明になりつつある。それをしっかり見ることは、「縄文都市」だ「縄文文明」だと派手なキャッチフレーズを投げ合うことよりどれほど重要であろうか。

本書は考古学の専門家のためのものではない。専門家の目に触れることもあろうが、そのことをあまり意識したくない。したがって考古学の成果のうち一般の人に知ってもらってもしかたがないことはあまり書かない。たとえば土器編年《どきへんねん》である。これまでの縄文文化研究のエネルギーの過半は土器編年の確立と精密化にかけられてきた。全国で数百の型式の土器編年網が組み立てられ、縄文時代の時間的地理的変化が細かく読み取れるようになっている。この土器編年があってはじめて縄文研究は確実な基礎の上にこれだけの成果を挙げることができたのである。しかし土器編年は建築にたとえれば足場である。それは建築作業に不可欠のものではあるが、建物が完成し披露されるときには取り払われる。ただし土器の変化と動きが人間の生態を反映している部分については積極的に取りあげよう。

縄文時代にあっては自然と人間の関係が歴史の主題である。その中で人間と人間、人間集団と人間集団の関係もしだいに重要になってくるが、それが歴史の表舞台に登場するのは弥生時代に入ってからである。縄文時代の歴史にはたった一人の個人名も出てこない。火山の爆発のような自然現象を除けば、個々の事件もほとんど出てこない。すべてが名もなき大衆の歴史である。願わくは読者の皆さんにはそれを退屈と感じるのでなく、人間自身すら自然の一部となって長い長い間積み重ねられた営みと前進によって次の時代へ進むための土台が用意された事実、それを考古学者たちがたゆまぬ努力でよみがえらせてきた過程を見つめていただきたい。

縄文時代の年代と環境

縄文時代の古さ

編年

文字記録のない時代の人類の歴史を研究するためには、まず遺跡や遺物を古さの順番に並べることが必要である。人間の生活を復元するための手がかりである貝塚や集落などの遺跡、そこに残された土器や石器などの遺物を、年代順に整理し、それによって歴史の進行を正しく観察し復元するためである。考古学では、ある時期にある地域で作られた共通の外見的特徴をもつ遺物を「型式」というまとまりで把握し、型式と型式の関係を、遺跡での地層の重なりや住居址どうしの重なりなどを手がかりに年代順に整理していく、これが編年である。

この伝統的な考古学の方法の日本における代表的な仕事が山内《やまのうち》清男《すがお》、甲《こう》野《の》勇《いさむ》らが昭和十年代までに作った縄文土器の編年である。縄文土器はその時代と地域ごとに形、文様、焼き方などそれぞれに特徴をもつ。その縄文土器の型式によって日本の各地方ごとに三〇前後の段階に区分し、地域どうしの横の関係もわかるように整理したものである。この編年はいまでも縄文時代研究の土台になっているだけでなく、さらに古い部分が付け足され、各型式が細分され、歴史の進行がいっそう精密に把握できるようになっている。世界の考古学でももっとも精密な編年である。

ただこの方法では新旧の順序はわかっても、それがいったい今から何年前であるかわからない。遠くへだたった地域との比較、極端なことをいえばヨーロッパの同じ時代の文化と比較しようと思っても年代の関係を知ることは非常に難しい。何年前かという疑問については、大木の年輪を調べる方法や、スカンジナヴィアなど北ヨーロッパで、氷河から溶け出した水が運んでくる粘土粒子が夏と冬で変わるためにできた縞《しま》の数を数える方法が初めに試みられた。しかしそのような方法が適用できる地域は限られていた。

放射性炭素年代測定

ところが第二次大戦後まもなく原子物理学の応用によって、放射性炭素年代測定という方法が開発された。遺跡から発掘された木炭や貝殻、獣骨など、生物体に含まれている炭素を測定すれば、古さが年数で推定できるというのだ。少し長くなるが、重要な点なので原理を説明しよう。

空気中の炭酸ガスの中には、一定の割合で放射性炭素（^{14}C）と呼ばれる炭素の同位元素が含まれている。普通の炭素原子（^{12}C）と化学的なふるまいはほとんど同じであるが、二個余分な中性子をもっているために安定が悪く、やがてその中性子を吐き出して普通の炭素原子に変わる性質をもっている。この空気中の放射性炭素の由来を研究していたアメリカのリビーは、それが大気の上層で窒素原子に宇宙線が作用して生み出されることをつきとめた。そこで、もし地球に降り注ぐ宇宙線の量が一定であるなら、一年にできる放射性炭素の量は一定であり、崩壊して普通の炭素になる量も一定である。かくして大気中には長期にわたり変わらぬ量の放射性炭素が含まれるはずである（実際には、過去の大気中の^{14}C濃度は年代的に変化したことがその後わかったが、その変化量は、ある古さまでなら、大木の年輪を一年分ずつ測定して知ることができるし、大気は対流によってよく混ぜられているから地球上の場所ごとに濃度が異なることはほとんどない）。

植物は光合成によって大気中から炭素を摂取して自分の体を作る。草食動物はそれを食べ、肉食動物はその草食動物を食べるから、地上の動物植物は生きていて新陳代謝を行う限り、その体内に大気とほぼ同じ濃度の放射性炭素を持っていることになる。ところがそのような動植物が死ぬと、もはや大気中の炭酸ガスを体内に取り入れることはなくなり、その遺体に含まれる放射性炭素は崩壊して減る一方となる。その減り方は五七三〇年で半分、さらに五七三〇年たって四分の一になるというゆっくりしたものである。このゆっくりさ加減は、数千年を単位とする縄文時代の古さを測るのに都合がいい。遺跡で発掘された木炭や動物の骨、貝殻などに残っている放射性炭素の量を測って逆算すれば、その動植物が死んだ年代が推定できることになる。以上がこの年代測定法の原理で、リビーはこの当初予期しなかった発見により一九六〇年ノーベル化学賞を受賞した。

縄文土器は世界最古?

この年代測定法は、まもなく日本の考古遺物にも適用され、大きな論争をまきおこすことになった。千葉県姥山《うばやま》貝塚の縄文中期に四五一三BP（BPというのは、この方法が開発された一九五〇年から数えて何年前かを示す記号であるが、今から何年前という意味にとっても本書の内容を理解するのには支障ない）、岡山県黄島《きしま》貝塚の縄文早期に八四〇〇BPという年代を与え、さらに神奈川県夏島《なつしま》貝塚の夏島式土器出土層に九四五〇BPと九二四〇BPという年代を与えた。ところがこの年代は当時知られていた土器の年代としては、世界のどの土器よりも古い。「縄文土器は世界最古?」という新聞記事に考古学者たちの間に大きな衝撃が走り、やがてその年代の当否をめぐって学界の意見は二分されることになる。

ところがこの夏島貝塚資料の測定が行われた一九五九年の数年後には、もっと古い土器があることが地層の重なりから確実になった。そしてそれらについても年代測定が行われ、長崎県福井《ふくい》洞穴の隆起線文《りゅうきせんもん》土器の時期に一二七〇〇BP、愛媛県上黒岩《かみくろいわ》岩陰の隆起線文土器に一二一六五BPという測定値が出されたのである。従来の考古学の方法による土器編年の順序と測定年代の順序は一致している。ただその数字が恐ろしいほどの古さなのだ。

この問題は、縄文時代以前の、土器が出現する前の時代にも及ぶことになる。夏島の年代測定がなされる一〇年前に、群

磨製石器も世界最古？

馬県桐生市の岩宿《いわじゅく》で日本で初めて土器をともなわない石器文化が発見され、その文化の研究は目覚ましい勢いで進んでいた。このような土器以前の時代の石器は、地質学者が一万年以前の更新世という時代に堆積したと考える関東ローム層の中に埋まっている。放射性炭素年代もこれを支持した。そこで岩宿の発掘を行った芹沢長《せりざわちょう》介《すけ》らはこれを「旧石器時代」に属する石器とする考えに傾いていった。

ところがこのような関東ローム層の中から出る石器の中に刃部を磨いた磨製石器らしいものがあった。最初に発掘された岩宿遺跡にも楕円形の先端の狭い部分を磨いて刃を付けたようにも見えるものがあったが（図1）、もっとはっきり磨いたものが長野県杉久保《すぎくぼ》遺跡や同県茶臼山《ちゃうすやま》遺跡でみつかった。世界の考古学の常識では、旧石器時代は打製石器だけが使われ、新石器時代になってはじめて磨製石器が出現する。したがって放射性炭素年代が正しいとすると、土器だけでな

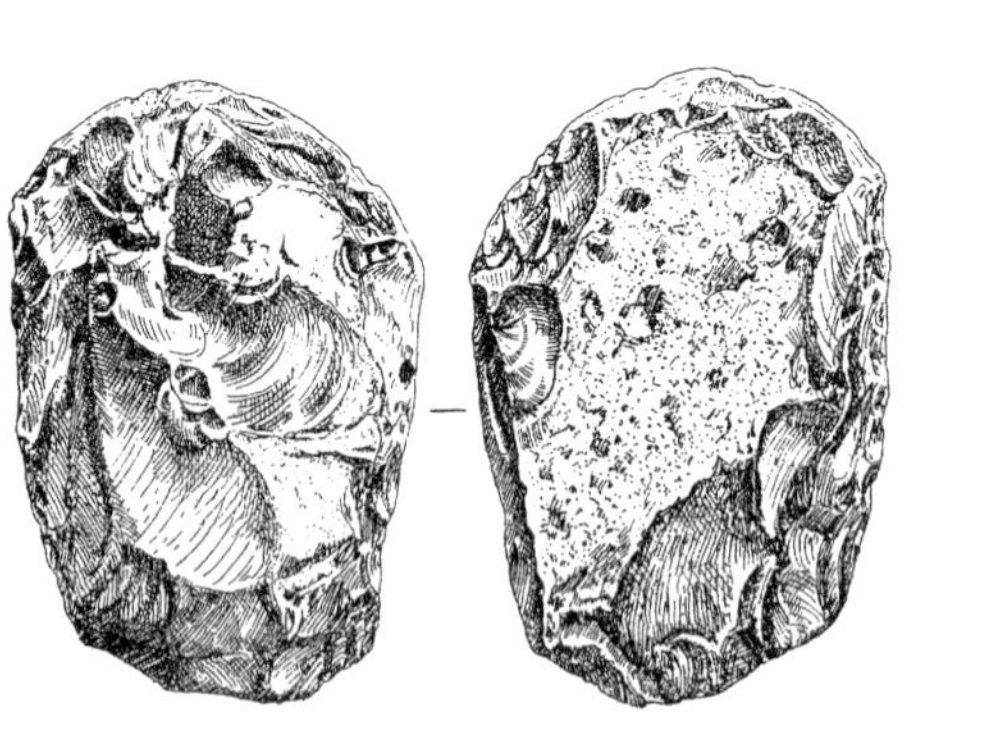

図1　岩宿遺跡出土の楕円形石器
上端が磨かれ，刃になっている．

く磨製石器も日本のものが世界最古となってしまう。

ここに至って放射性炭素年代に対し猛然と疑義を唱えたのが山内清男である。世界の先史時代を画する二大発明である磨製石器と土器がともに日本で世界に先駆けて出現するなどということはあるはずがない。そのようなとんでもない年代を出す放射性炭素年代測定法には根本的な欠陥があるにちがいないと山内は決めつけ、「(このような年代に従うなら) 事ごとに日本における文化要素が世界で最も古いことを強弁しなければならなくなるであろう」(「日本先史時代概説」『日本原始美術』一、一九六四年) と警告した。ローム層中の磨製石器はその後も類例の発見が相次ぎ、ローム層の上部よりもむしろかなり深い部分から多く出ることが知られている。

山内・佐藤説

山内清男は名実ともに「日本先史考古学の父」(佐藤達夫) である。土器型式による縦横の編年網を組み立て、そのなかで文化の変遷過程を読み取る秩序ある先史考古学の方法を、旧世代との論争の中で確立し、その方針にもとづく学界の指導者であった。縄文文化と弥生文化の基本的な違いを明らかにした業績も偉大である。そんな彼が放射性炭素年代をめぐる論争で主張したのは、年代が何年前かという数字の問題以上に、考古学研究の主体性であった。考古学の根幹である文化どうしの年代関係を、科学者の御託宣にまかせ、そのお告げにしたがって位置づける安易な姿勢は、数え切れない遺跡を発掘し、層位と土器型式を組み上げ、血のにじむような努力で縄文編年を築いてきた山内にはとうてい容認できない方法であっ

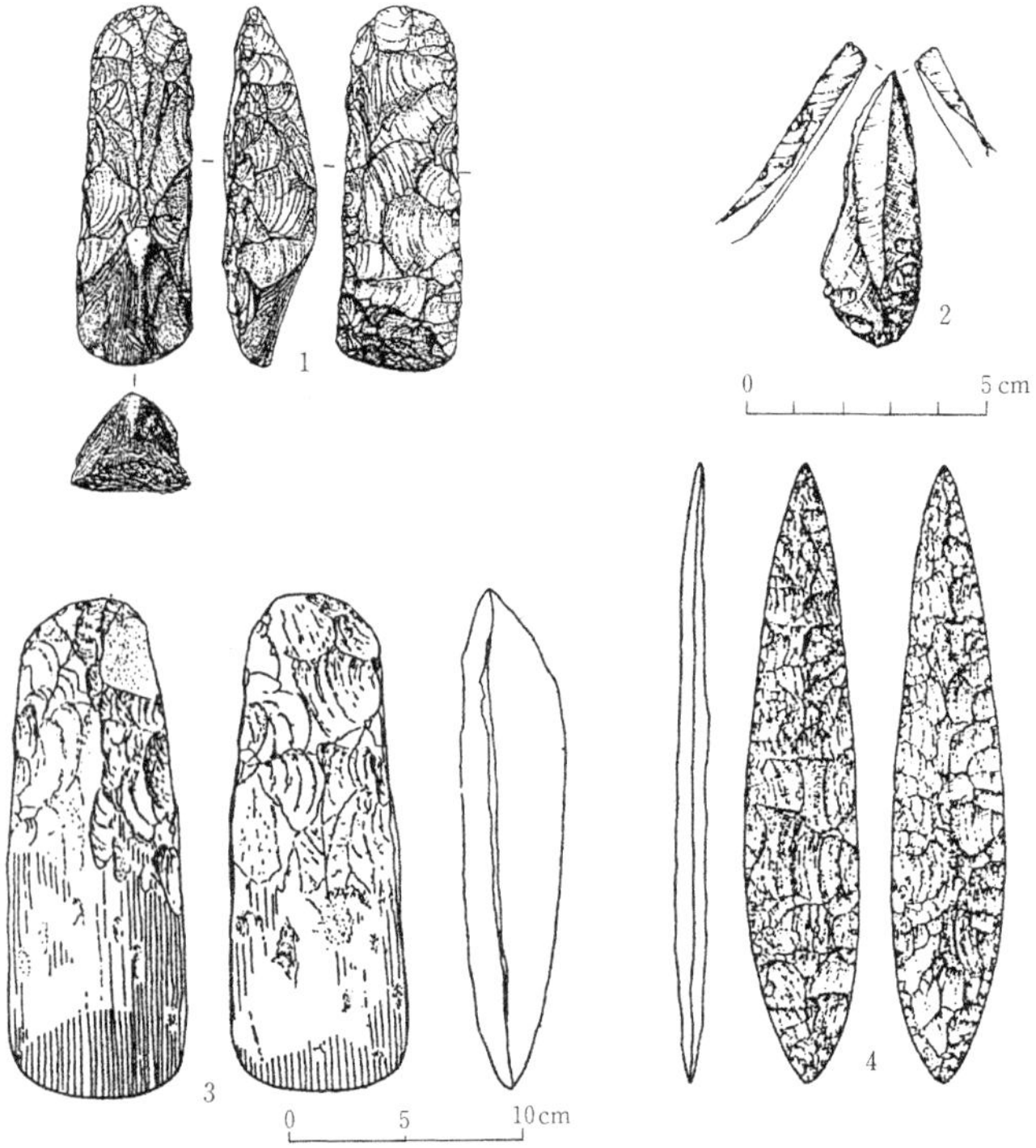

図2　青森県長者久保遺跡（1・2）・長野県神子柴遺跡（3・4）の石器

た。そしてまた日本の誰よりも世界の先史文化の大勢を学び、理解している山内にとって、このような古さの主張は「世界に顔向けできない」暴論であり、日本考古学の恥であった。

多くの研究者が放射性炭素年代にしたがって、縄文以前の土器のない時代を一万年以前の旧石器時代、そして縄文時代を世界でもっとも古い土器をもつ文化と位置づける中で、山内は考古学本来の方法で「無土器時代」や縄文時代に年代を与えるべく、共同研究者佐藤達夫とともに研究を進め、「無土器時代」の中の各段階の石器を日本周辺の石器文化と関係づけていった。なかでも重要であったのが「無土器時代」末期に属する青森県長者久保遺跡出土の円鑿《まるのみ》形石器であった(図2左上)。同じ形の石器がシベリアバイカル編年のイサコヴォ期に存在する。そしてそのイサコヴォ期はロシアの研究者によって六〇〇〇〜五〇〇〇年前とされているから、このロシアから渡来したに違いない円鑿という特殊な石器を鍵にして、縄文文化はイサコヴォ期より後に位置づけられる。したがって縄文時代の始まりは五〇〇〇年前よりさかのぼらない理屈になる。さらに山内は縄文時代の初頭にだけ特徴的にともなう大陸から渡来したと考えられる種類の石器——矢《や》柄研磨器《がらけんまき》、植刃《しょくじん》、断面三角形の錐《きり》など——を海外と比較し、さらには縄文時代の海進現象を世界のそれと対比して、縄文時代の始まりを四五〇〇年前と結論した。

山内は誇らかに宣言した。自分は一生をかけて編年という竜を描いてきた。そして今ついにそれに実年代という目を入れることができた。「画竜点睛」であると(『成城新聞』一九六六年九月二十四日、十二月五日)。山内はその四年後の一九七〇年に自説を完璧なものと信じつつこの世を去った。そして山内の説を守り、強化する任務を受け継いだ佐藤達夫もさらに七年後に早過ぎる死を迎えた。二人の中心的推進者を失った学説は急激に失速した。

旧石器時代と新石器時代

この論争の結末を見る前に「旧石器時代」と「新石器時代」の概念について簡単に整理しておこう。イギリスのラボックによる「旧石器時代」のそもそもの定義は打製石器のみの時代で、絶滅種の動物と共存した時代であり、これは地質学の更新世にあたる。「新石器時代」の定義は磨製石器が現れることであった。更新世に対する地質学の区分は完新世であるから、大きくまとめると、旧石器時代＝一万年以前の更新世に属し打製石器だけの時代、新石器時代＝一万年前以降の完新世に属し磨製石器も現れる時代ということになる。話は複雑になるが、その後新石器時代には土器と農耕や牧畜を行った証拠がともなうことが多いことが知られたが、人類の歴史の区分としては石器の作りかたよりも農耕牧畜という食料生産を開始したことのほうが重要と認められ、新石器時代の定義は次第に農耕・牧畜の開始に重点が置かれるようになっていった。先進地帯とされた西アジアでは、農耕・牧畜がはじまってもすぐに土器作りが始まらず、無土器の新石器時代がしばらく続いたことが知られた。

放射性炭素年代を信じる人たちが、日本の土器以前の時代は一万年以前の旧石器時代にあたり、縄文土器の始まりが更新世末か完新世初頭にあたるとしたのに対し、山内・佐藤は、日本の無土

図3　宮城県富沢遺跡で発掘された樹根
トウヒ，グイマツ，モミなどからなり，平均気温で現在より7〜8度低い気温が推定される．

器の時代には磨製石器があるから一万年以降の新石器時代に属し、土器を持つ縄文時代はさらに大きくおくれて新石器時代の後半にあたるとする独自の年代観を打ち出したのである。

崩れた前提

山内・佐藤説は考古学の範囲内では整合性のとれた、当時の世界先史文化研究の大勢からいっても妥当な説であった。海外の研究状況をよく把握する山内・佐藤にしてはじめてなしえた仕事である。考古学の主体的方法を貫いたことでも評価される。しかし先史時代も地球を舞台として展開した歴史の一部である。考古学の純粋な方法論ではないからと、地球上で起こった自然の変化と切り離して考古学独自の世界を鎖国することは許されない。放射性炭素年代に従う第一の道、道具の比較によって大陸文化との年代関係を考える第二の道のほかに、縄文時代の年代を考えるための第三の道として、当時の自然環境はどちらの説に適合するかを見る方法がある。そしてこの方法によるならば、明らかに前者の年代が支持される。

第一に「無土器時代」の地層であるローム層の時代がはっきりした寒冷気候であったことが、遺跡に埋没した植物の遺存体（図3）や同じ時代に堆積した沼などの地層の中の花粉から明らかにされた。この寒冷な気候は、別名氷河時代とも呼ばれる更新世以外には考えられないものである。

第二に関東ローム層最上部の立川ローム層が東京湾の沖積層の下に潜り込み、海面下二〜三〇メートルあるいはそれ以下にまで延びていることが、ボーリング調査で確認された。「無土器時代」の石器を含む地層が、海面の非常に低い時期——氷河時代——に堆積したことを物語るものである。

第三に縄文時代の前半に進行していた急激な海面上昇を多くの地理学者が指摘した。とくに後述する愛知県先苅《まずかり》貝塚は、縄文早期の貝塚自体が海面上昇によって海面下深く没した例である。これは地球の温暖化にともなって起こった現象の日本における地質学的記録であり、放射性炭素年代が日本と日本の外で大きなずれがないことを保証する。

これらの諸現象は縄文時代に先行する無土器の時代が更新世に属し、縄文時代の始まりが更新世〜完新世の移行期にあることを示すものである。

自然科学ばかりではない。考古学の分野でも山内・佐藤説に不利な証拠があげられていったが、もっとも決定的なのは、日本の「無土器時代」末期の細石器《さいせっき》文化に見られるクサビ形細石核《さいせつかく》という非常に特殊な技術で作られた石器と荒屋型彫器《あらやがたちょうき》と呼ばれるこれまた特殊な溝切り用石器の組み合わせである。同じ石器の組み合わせが北中国や東ロシアにも広く分布する。日本と大陸がこれほどはっきりした証拠によって結びつけられることは、次は弥生時代までないほどであるが、このクサビ形細石核の文化が中国やロシアでも旧石器時代の末期に位置づけられている。これに従うかぎり、日本の「無土器時代」は旧石器時代である。

そして文化大革命の混乱から抜け出した中国考古学における目覚ましい新発見と放射性炭素年代測定の開始は、中国の農耕文化が八〇〇〇年以上前に独自に形成されたことを明らかにし、中国の農耕が西アジアから伝来したという旧説を否定し、一万年の古さに達する土器の存在が明らかにされた。日本の土器ばかりが飛び抜けて古いわけではなくなった。後述するように、最近では、東ロシアのいくつかの遺跡で一万三〇〇〇年 BP という縄文土器に匹敵、あるいはそれを超えるほどの古さの土器の発見が報じられている。

これらはみな従来の考古学の常識を覆す発見であった。もはや年代の問題にとどまらず、世界の先史文化全体が、従来の枠組み――ヨーロッパ・西アジアで組み立てられた枠組み――の延長線上にはとうてい収まらないことがわかってきたのである。

世界の考古学の常識に反するとして山内・佐藤が猛反対した縄文土器の年代も、日本の旧石器時代に磨製石器が存在することも、事実として認めざるをえなくなった。山内・佐藤が議論の出発点とした世界の考古学の常識のほうこそ撤回せざるをえなくなったのである。

縄文文化のとらえかた

すでに過去のものとなった年代論争の紹介から本書を始めたのは、この論争こそ縄文時代のとらえかたについて基本的な指針をもたらしたと思うからである。すなわち日本の先史文化は従来ヨーロッパや西アジアを中心に組み立てられた世界の先史文化の枠組みや常識には収まりきらない特異な文化である。いや、世界各地の先史文化がそれぞれに「特異」であって、むしろ「特異」であることが普通だということが明らかにされる日が来るのかもしれない。縄文文化は、従来の世界先史文化の「旧石器時代」「新石器時代」という枠組みを揺るがし「狩猟採集」「農耕牧畜」といった基本的概念にも再検討を迫る独特の内容をもっていることを本書で見ていく。なぜそのような文化が東アジアの涯《はて》の小さな島々に生まれたのか、その疑問に答えることが今や日本考古学の任務となった。縄文文化は、世界で一番古い土器をもつかどうかといったギネスブック的興味から見られるべきものではないし、先進地域から農耕が伝播する以前の未開な狩猟採集段階の文化という理解でもまったく不十分であることをこれから見ていく。それは日本列島の自然という与えられた条件にもっとも適応する生活形態の追求から形成されたもので、人類のさまざまに分岐した進路のひとつの経路として、縄文文化のありかたの理解は、人類存在全体の理解にもつながるであろう。

自然環境の変化

気候と植生

氷河時代が終わり地球規模で温暖化する過程は、グリーンランドに厚く積もった氷の層の中の酸素同位体の比率の変化としてよく記録されている（図4）。この変化の機構は複雑であるが、高緯度地方において、降水の形成時に気温の関係で酸素同位体の含有量が変化することが主な原因である。温暖化の過程はけっして順調ではなかった。古ドライアス期、新ドライアス期などの激しい寒冷期をはさみ、温暖と寒冷が目まぐるしく交替した。もともとこのような気候の波動は北ヨーロッパの花粉分析で明らかにされたものであるが、グリーンランドの氷の層の記録はこれを裏づけた。

なかでも新ドライアス期（普通一万一〇〇〇～一万年前と言われるが、放射性炭素年代を補正すると一万三〇〇〇～一万二〇〇〇年前になるという。この場合、考古学の遺跡・遺物の年代も同様に古く

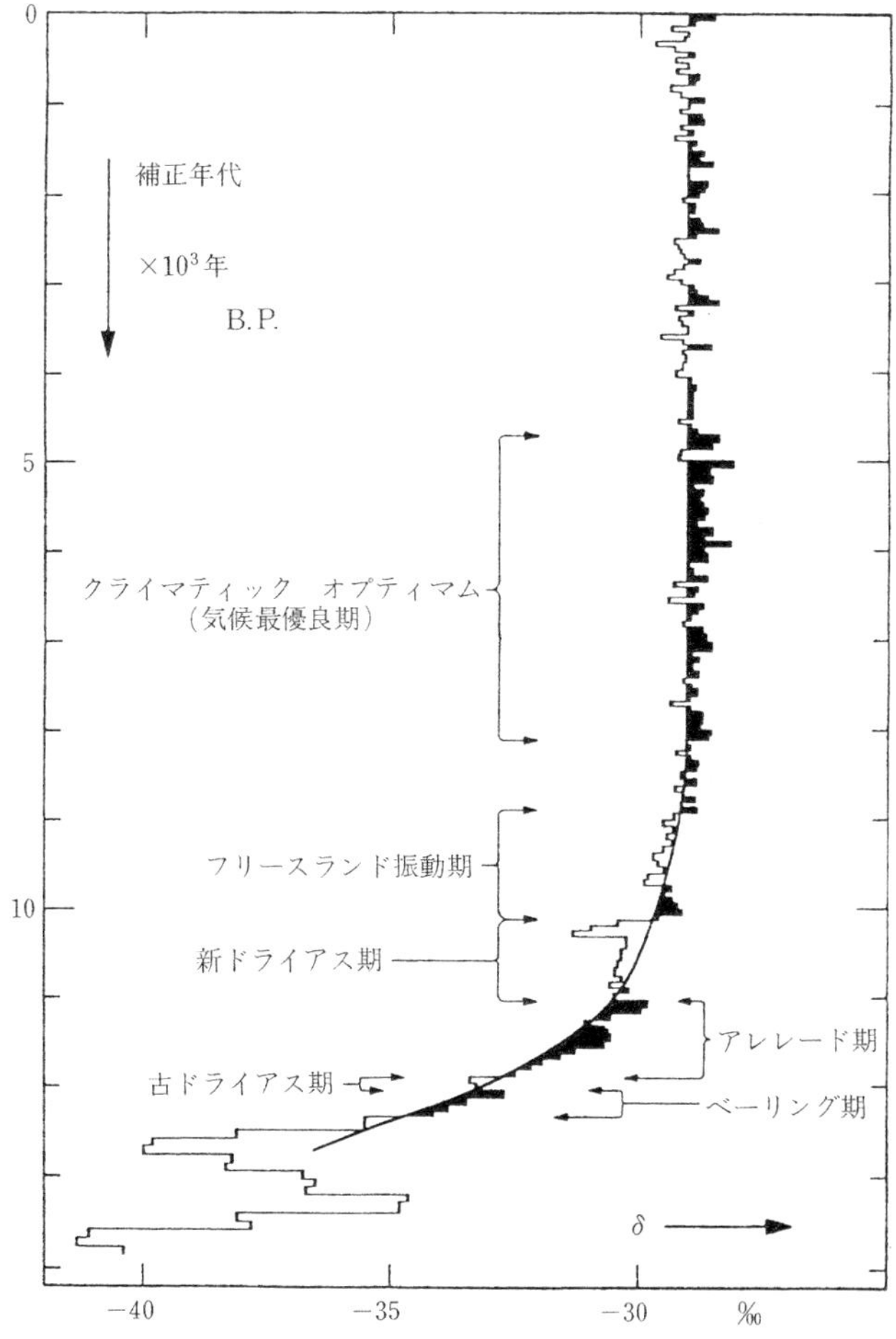

図4　グリーンランド，キャンプセンチュリーで採取された氷のボーリングコアの酸素位体比の変化

過去1万4000年の気温の変化を反映する．

なる。なお、本書の年代は補正しないものを用いている）は氷期の再来といってよいほど激しいものであった。北米大陸の大氷床の融氷水が流路を変え、北大西洋に直接流れ込み、海水の上を覆ったことにより、地球の温暖化を進めていた機構が逆回転してしまったというのが有力な仮説である。高緯度地方の氷床は再び拡大を始め、一度上昇して来ていた海水面も再び下降した。ちょうど縄文文化が形成されたばかりの時期のことであり、この寒冷気候は縄文人にも重大な影響を与えた可能性がある。後述する隆起《りゅうき》線文《せんもん》土器期の発展に続く時期が停滞ないしは不安定な様相であるのは、あるいはこの気候と関連するのかもしれないが、日本ではまだこの寒冷化の自然科学的証拠が明確にとらえられていない。この現象が大西洋に面するヨーロッパや北米だけで激しかったのか、日本での研究が不十分なのか、縄文文化の成立過程に関係する大きな問題である。なお日本でも関東平野の深い沖積層の下部に礫層《れきそう》がはさまれ、海水面の一時的下降で河川による礫の運搬が復活したことが知られている。しかしこれは地球規模の寒冷化の結果、海面が低下したのであって、即日本も寒冷化した証拠とはいえないであろう。

兵庫県大沼は標高八〇〇メートルにあるため平野部より冷涼であることを考慮にいれなければならないが、更新世末期から完新世の植生変化をよく示す花粉分析の結果が得られている。モミ属、トウヒ属、ツガ属などが主体となる亜寒帯針葉樹が一万五〇〇〇年くらい前から後退しはじめ、代わって落葉性広葉樹のコナラ亜属とブナ属が増加しはじめた。一万二〇〇〇年前ごろからさらに暖かい気候を好む照葉樹のアカガシ亜属が侵入し、続いて多雨型のスギが拡大した（Miyoshi, Norio and Yano, Norimichi *Review of Palaeobotany and Palynology* No.46, 1986）。このような高地での変化に比べると、大阪湾における落葉樹から照葉樹への交代はずっと明瞭である。前田保夫は沖積層中の花粉によって、六〇〇〇～七〇〇〇年前ごろを境に前者から後者へ急速に入れ替わったことを明らかにした（『縄文の海と森』、一九八〇年）。ちょうど後氷期にもっとも気候が温暖になった気候最優良期と呼ばれる時期であり、気温は現在より平均二度くらい高かったといわれる。

大沼では四五〇〇年前ごろになると照葉樹の後退が認められるが、この減温期は広く日本各地の花粉分析に認められる。阪口豊は群馬県尾瀬ヶ原におけるマツ花粉の増減を、ハイマツの広がりに相当するとして気温の細かい変化を読み取ったが（「日本の先史・歴史時代の気候」『自然』一九八四年五月号）、そこでも四四〇〇～四三〇〇年前ころの気温低下がはっきりと示されている。人間の遺跡でいうと、西関東と中部高地で住居址の数が急増した中期の中葉過ぎにあたるのか、それとも一転衰退に転じ、中部高地では壊滅的となる縄文中期末にあたるのかが問題である。年代の数字だけ比較すると前者に近いが、少しずらして考え、後者に当てるほうが遺跡の状況の変化が理解しやすいことはいうまでもない。この場合縄文後期には再び気候が回復したことになるが、日本各地で認められている後期の小海進（図5）はこの気温再上昇にうまく合う。さらに時

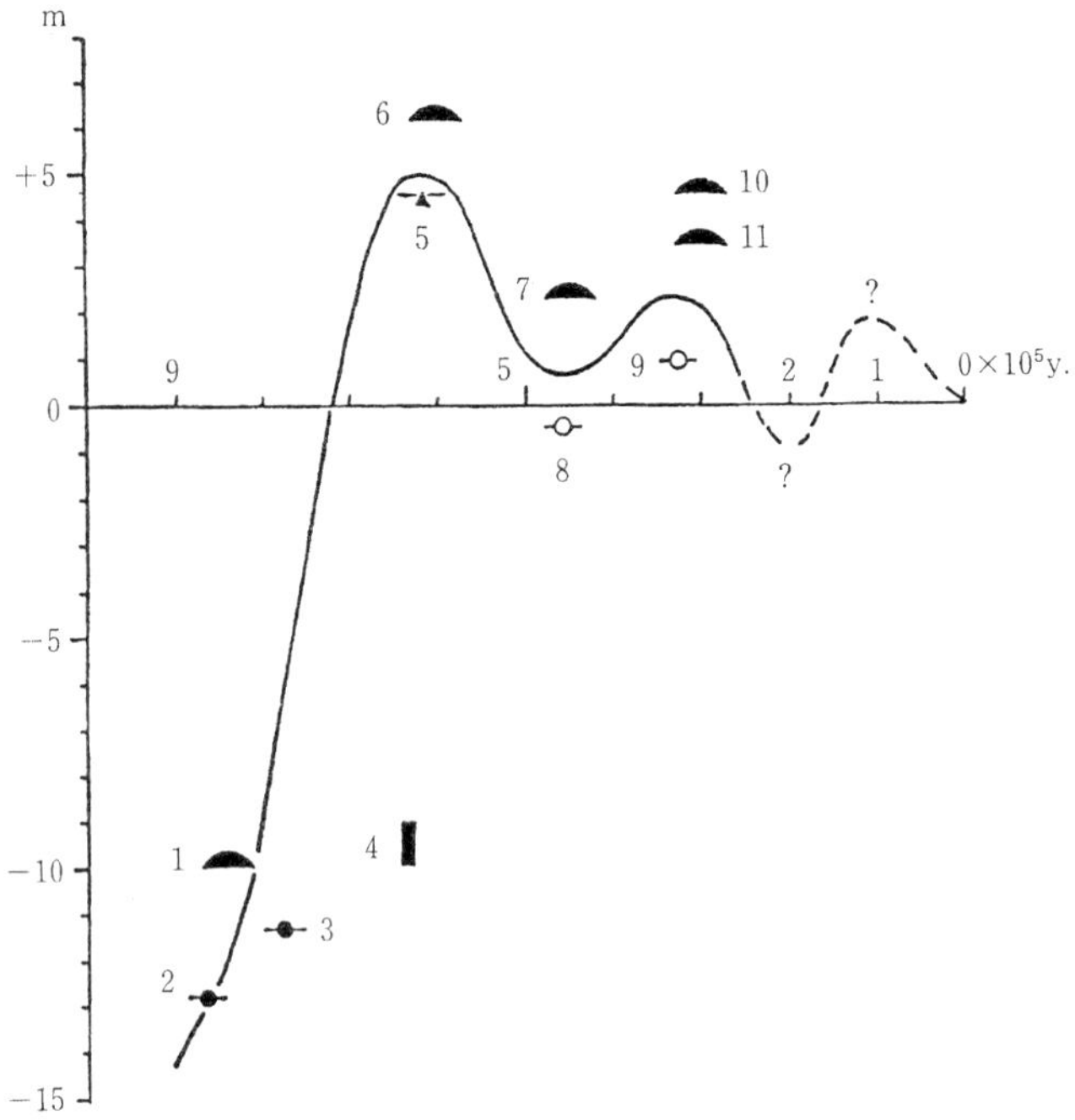

図5　先苅貝塚のある愛知県内海湾における相対的海水準変動
▲は貝塚などの遺跡，-●- -○-は年代測定資料.

間が経過して後期末〜晩期になると、尾瀬での分析にも見るように冷涼化が著しく、人間の生活にも大きな影響があった。

気温とともに重要なのが降水量である。後氷期の海面上昇によって対馬暖流が日本海に流入するようになったのが一万年前ごろであり、八〇〇〇年前からはこの影響で日本海における水分蒸発量が増え、日本海側の多雪気候がもたらされたことが明らかにされている。縄文早〜前期の気候最優良期には海も暖かく、対馬暖流は宗谷海峡を通ってオホーツク海にまで流入していた。現在では東北地方までしか棲息しないハマグリが、そのころの北海道東北部の貝塚に見られるのはこのためである。

海の環境変化

縄文文化が始まるころ、いわゆる氷河時代が終わり、高緯度地域の厚い氷床が溶けて海に流れ込み海面を急速に上昇させた。雪国の雪解けのように、この現象ほどはっきりと新しい時代の到来を告げるものはない。

海面がまだ現在より低い位置にあったころ、その海岸の近くに貝塚が形成されたとしたら、それはその後の海水の上昇にともなう浸食によって失われたり、海面下に没したり、沖積層下に埋没したであろう。このような現在の海面より低く位置する貝塚は、理屈のうえでは存在するとしても、それが実際に発見されることを予想した人は少なかったのではないだろうか。

一九七八年、愛知県知多半島を縦貫する知多新線の工事が知多半島の先端に近い内海の小さな谷で進んでいた。ここには鉄道の終着駅が高架駅として作られることになっていた。谷は沖積層で埋まっていて地質が軟弱であるため、沖積層の下深く埋まっている岩盤まで掘り下げて駅の支柱の基礎を埋める必要がある。太い鉄パイプを打ち込み、その中の土砂を機械で掘り出すのである。沖積層を掘っているのであるから貝が出ることは不思議ではない。ところがこの工事で排出された土砂の中に黒い土と縄文の貝塚を構成する種類の貝が混じった土があり、しかもそれが縄文土器片を交えていた。地元の小学校の教師、山下勝年は工事現場の地下深くに貝塚が埋まっていることを見抜き、仕事のわずかの合間をみて、工事の進捗《しんちょく》と排出される土の関係を観察し、また仲間をつのって排出された土から土器、石器、骨角器などの人工遺物と貝類、獣骨などの採集を続けた。この結果、工事現場のある一定地域の、地表面から約一五㍍下の岩盤の直上のあたりから排出される土に限って人工遺物や貝塚の貝を混じえることが明らかになった。出土する土器は縄文早期中頃の高山寺式に限られていた。

地下に埋まっているこの貝塚とその周囲の状況をさらに解明するため、山下は採集した資料を貝類、獣骨、植物、珪藻、有孔虫、カニ類、古地理、沖積層、火山灰、年代測定の各専門家に送り、調査の協力を依頼した。また工事に先立って行われたボーリングと調査用のボーリングのデータによって地下の岩盤と沖積層の推定断面図が作成された（図6）。問題の貝塚は現在の海面の高さから一〇㍍下に埋没している段丘の上に位置する。

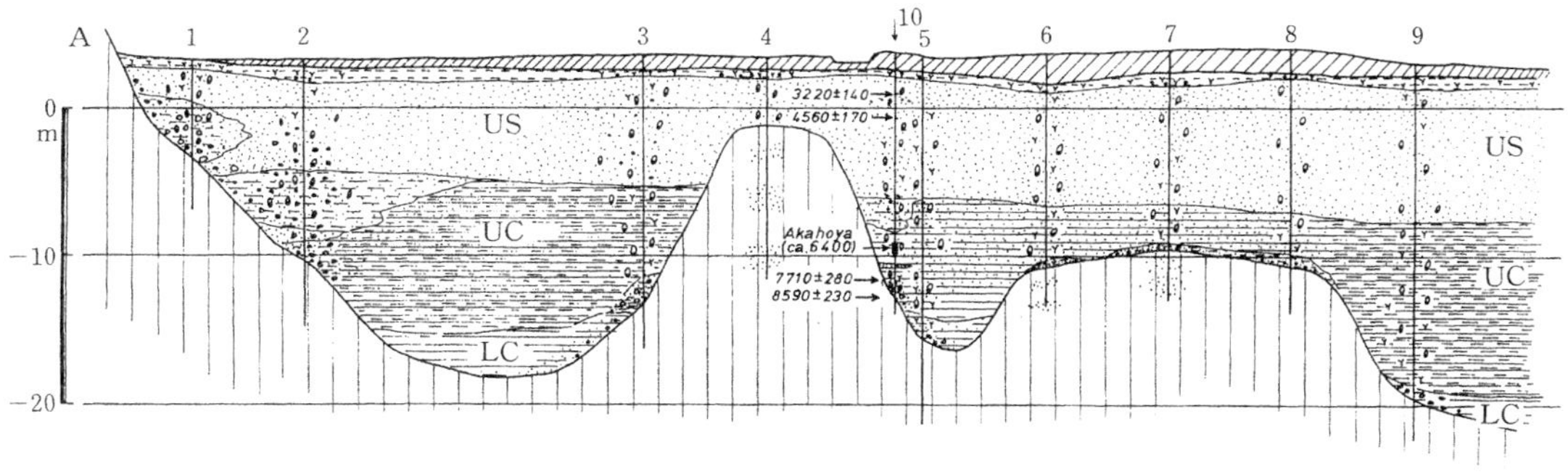

LC：下部泥層，UC：上部泥層，US：上部砂層，1～10はボーリング番号(貝塚は6～8の段丘上)，数字は放射性炭素年代

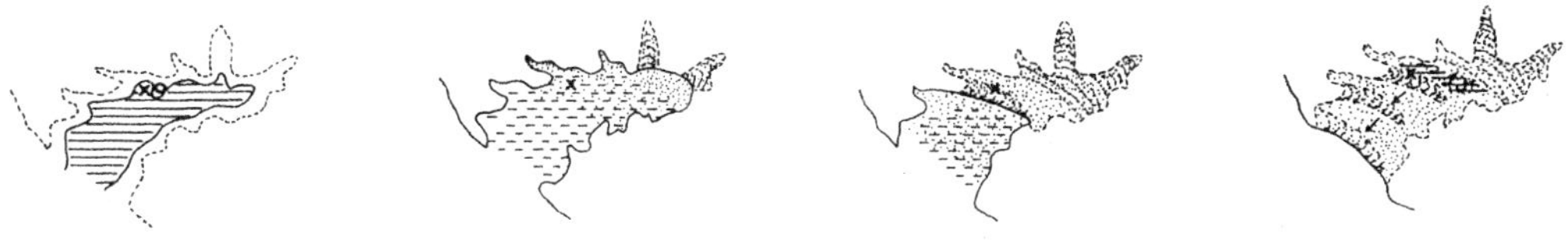

図6　愛知県先苅貝塚を埋める沖積層の断面（上）と内海谷の海況変化（下）

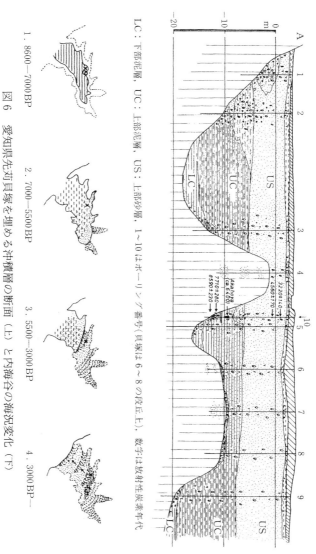

海の環境の変化と沖積層の形成過程は次のように復元された。

①八六〇〇〜七〇〇〇年前　海面の上昇によって内海谷に海水が入り内湾が形成された。そこには内湾奥の泥底を好む種類の貝類（ハイガイ、カニモリなど）や有孔虫が棲息した。八三〇〇年前ころに小台地上に先苅貝塚が形成されたが、急激な海面上昇によって七七〇〇年前頃水没した。

②七〇〇〇〜五五〇〇年前　急激な海面上昇により溺れ谷状の内湾となる。十号ボーリングの地点で水深は二〇メートル前後に達する。湾奥部から始まったデルタ様の堆積が進み（上部泥層＝UCが堆積）、ボーリング地点でもしだいに砂の混じる率が高くなった。このころ有孔虫の中に熱帯から亜熱帯に棲息する二〜三の種が見られ、現在より暖かい海であったことが知られる。

③五五〇〇〜三〇〇〇年前　海進の最高期に達すると海面は停滞し、その後ゆっくり降下した。沿岸流によって粗粒の堆積物が湾内に運搬され、埋積が急速に進んだ（上部砂層＝US）。貝類としては湾央の砂底に棲むイボキサゴ、ハマグリ、シオフキが繁栄した。

④三〇〇〇年前〜現在　二列の砂州が形成されながら湾口部の埋積が進み現在に至った。

海水準の変化は日本の各地でも明らかにされているし、海の環境変化も解明されている。しかしこの内海谷ほど、縄文遺跡をとりまいた海況の変化が、さまざまな自然科学分野と考古学のみごとな協力によって生き生きと再現された例はない。そして大事なことは、この変化が知多半島の古内海湾だけにとどまるものでなく、日本各地の小湾で起こった同じような変化の一例としてあることである。

海面と陸地の相対的な高さの関係は、海面の上昇だけでなく、その場所の地殻の上下動とも関係しているから、その分を補正しないと正確な海水準は推定できない。しかし六〇〇〇〜七〇〇〇年前までの急激な海面の上昇と以後の停滞は日本の各地で認められるだけでなく、完新世の世界的な海面の動きと同じである。

海況の変化と縄文人

松島義章・小池裕子は東京湾西側の沖積層に含まれる貝類の変化を研究し、内海湾と同じような海況の変化を明らかにしたが、その変化はその地域で貝を採って食べた縄文人が残した貝塚にも影響した。鶴見川流域などで、早期、前期、中期、後期と貝塚の形成される場所が移り、それを構成する貝の種類も、海進初期の泥底に棲む貝から、海進後期の砂泥性の貝へと入れ替わったことが知られている（「自然貝層による海況復元と縄文時代の遺跡」『貝塚』二二号、一九七九年）。

日本で知られている二〇〇〇以上の縄文時代貝塚のうちほぼ半数が関東平野にある。その時代別の分布を見ると（図7）、縄文時代の海面の広がりが追え、海とかかわりをもった生活の地域がどのように広がり、また後にせばまったかわかる。

関東地方でもっとも奥に位置する前期初頭の栃木県藤岡貝塚（篠山貝塚）は、海面がもっとも高くなった約六〇〇〇年前に、実際に海がもっとも内陸へ浸入していたことを示している。この

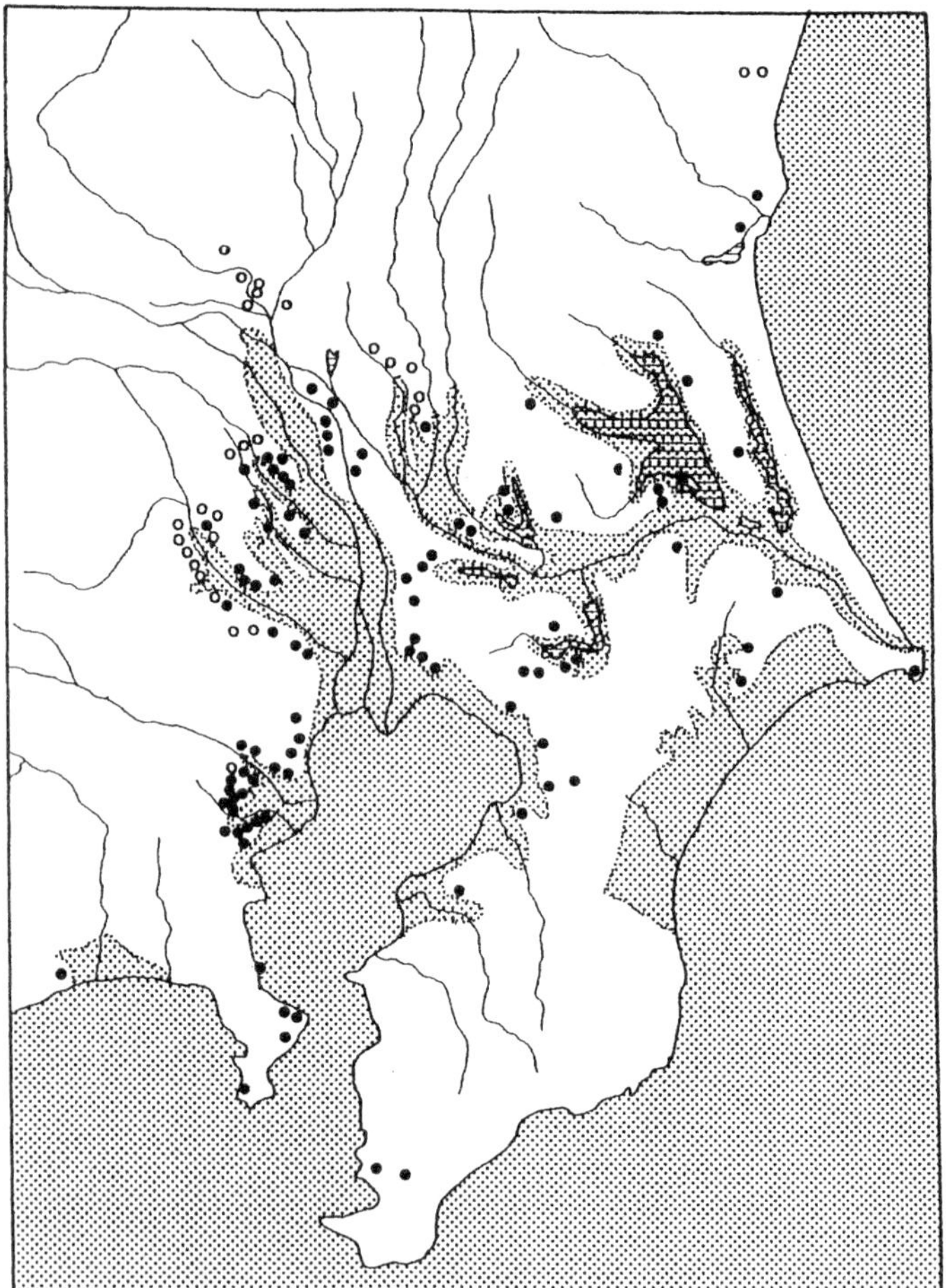

図7　関東地方縄文早期末〜前期初頭の貝塚分布と推定海岸線
●は海産貝，○は淡水産貝を主とする貝塚．

貝塚は現在の海岸線から七〇㌔も奥に位置し、一〇〇×七〇㍍の馬蹄形を呈する。入江の奥にあったにもかかわらず相当な規模である。淡水産のヤマトシジミを主とするが、ヤマトシジミはまったくの淡水よりも海水が混じる環境によく成育する。またマガキ、ハイガイ、ハマグリ、シオフキなど十数種類の海の貝類をともなっており、近くに海が浸入していたことがわかる。

この前期以後、貝塚の分布は、中期、後期、晩期と現在の海岸線に向かって退いていった。海水面の上昇下降と海進海退の関係については、海面の上昇下降に応じて海面が内陸に入ったり退いたりする現象と簡単に考えている人がいるが、海進は更新世に深く浸食されていた谷へ海が入り込む現象であるから、海水面が現在より低いときでも海が内陸に浸入したことがあるし、また海退の主な原因は、川口や、海岸での砂泥の堆積であるから、海水準が停止していても海退は起こる。このことは先苅貝塚を埋めた堆積層について具体的に見たところである。

縄文文化の担い手

自然環境について述べたので、蛇足とは思うが、自然の一部である縄文人の生物学的属性についてもふれておきたい。縄文文化の担い手である縄文人は、いうまでもなく生物学的に現世人類に属する。したがって生まれながらの能力は、われわれ現代人とまったく変わらない。もし彼らを原始的だと思うなら、それは彼らが身につけていた文化が未発達であったためであり、他に理由はない。もし縄文人の一人が現代に生まれたら、他の人と何の違いもなく学校に行き、知識や技術を身につけ、現代社会を担う一員になったはずである。逆にわれわれ現代人の一人が縄文時代に生まれたら、縄文人として狩猟採集の生活を送るほかない。

縄文時代に限らず数万年ほどの時間幅で人類をみると、進歩したのはもっぱら文化であり、人間の生まれながらの能力に変化があったとは考えられない。縄文時代に生まれた人を縄文人と呼び、現代に生まれた人を現代人と呼んでいるだけである。

縄文時代の始まりと食生活

縄文時代の始まり

最古の土器

何をもって縄文時代の始まりとするかについてはいくつかの意見があるが、私はもっとも単純に、土器の出現をもってその始まりとみなすのがよいと思っている。次に述べるように、土器は縄文の基本的生業と深く結びついていたし、縄文文化の確立は、土器使用の普及と一致している。そしてまた縄文文化の研究の地域的年代的枠組みは、土器編年によって組み立てられているという事情もある。もっとも、最初期の土器はたまに少量使われただけであるらしい。この時期は文化内容においても縄文時代一般とは相当に異なるが、だからといってこの小部分を縄文時代から切り離すことには賛成できない。その時期と縄文時代の境をどこに引くのかが問題になり、混乱の原因になるであろうし、土器普及の原点は、どんなに少量でも土器の作り方が知られ、使用され始めたことにあるのだから。

日本最古の土器は、旧石器時代とか先土器時代と呼ばれる時代の最後にかつて位置づけられていた長野県神子柴《みこしば》・青森県長者久保《ちょうじゃくぼ》遺跡などの文化（以下「神子柴文化」と短く書く）に見られる。偶然同じ一九七五年に調査されたこの文化に属する二つの遺跡――青森県大平山元《おおだいやまもと》遺跡と茨城県後野《うしろの》遺跡は、石器からみれば明らかに神子柴文化に属するものであったが、ごく少量の文様を持たない土器の破片が一緒に検出されたのである。このように少量だと後の時代の土器がなんらかの原因でその地層に紛れこんだ可能性も考えなければならない。しかしまもなく、石器の形から判断すると長者久保や神子柴遺跡に後続すると思われる神奈川県寺尾《てらお》遺跡でも少量の土器が検出された。寺尾遺跡の土器は文様をもち、大塚達朗はその文様に隆起線文《りゅうきせんもん》土器（縄文草創期の土器の一型式）の文様の原形を認めている。そうするとその直前の神子柴文化が土器をもつことも、不思議でない。

多くの考古学者が心血を注いで追究してきた縄文土器の古さはこれ以上さかのぼらないところまで到達したのであろうか。考古学で「ない」ということはできない。今後どんな発見があるかまでは予測できないからである。しかし神子柴文化に先行する細石刃《さいせきじん》文化の古い部分（新しい部分は神子柴文化に並行する時期や九州の隆起線文土器の一部などにも残る）で土器をともなった例は知られていないから、土器がさらに大きくさかのぼることはなさそうである。

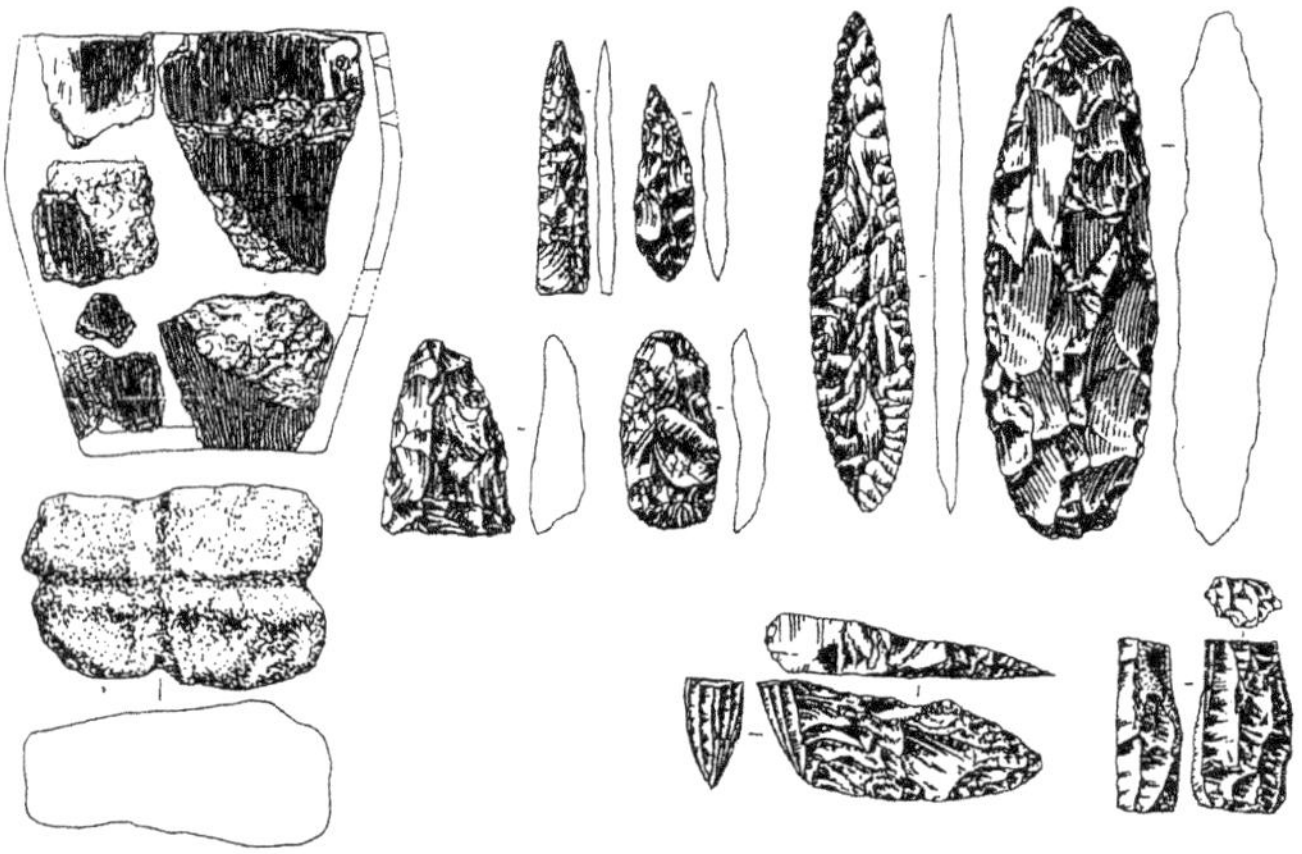

図8　ロシアアムール川中流域オシポフカ文化の土器と石器
ガーシャ遺跡

伝播か自生か

土器が日本で発明されたのか、大陸から伝播したのかは長く議論の続いている問題である。この問題に答えるための前提として日本最古の土器が確認されていることが必要であるが、今述べたようにその条件はかなり整ってきたように見える。ただ石器の内容はわかるが、土器自体は文様のない小さな破片が見つかっているだけである。

神子柴文化の石器群は先行するクサビ形細石核の石器群と大きく異なっている。あまり論理的ではないが、新文化の到来を想定したくなる突然の変化がある。すでに述べたようにクサビ形細石核を持つ文化は大陸と緊密につながり、比較的早くから北海道に広がっていたが、縄文時代の直前になって本州を南下した。その広がりに乗った次の波として神子柴文化と土器が伝来したことが想定しやすい（この場合、その起源に山内・佐藤が主張したバイカル編年のイサコヴォ期を当てることは、その推定年代からいっても、バイカル編年が現在では支持されなくなったことからも無理である）。

このような日本の状況から、近年とみに注目を集めているのがロシアのアムール川中流域に分布するオシポフカ文化である。この石器群は、少し前まで土器をともなわないと思われていたが、一九八〇年代からガーシャ、フーミーなどの遺跡で土器がともなう例が相次いで報告された（大貫静夫『東北アジアの考古学』、一九九八年）。平底と条痕文が特徴的で、口唇に絡条体の圧痕を有するものもあるという。石器にはクサビ形細石刃核、荒屋型彫器《あらやがたちょうき》、両面加工の石槍《せきそう》、石斧《せきふ》、石《せき》錘《すい》などがあるが（図8）、日本の土器出現期の石器と共通するものがあり、放射性炭素年代測定値が一万三〇〇〇年前後というのも注目される。

まだ日本の土器出現期とまったく同じ石器の組み合わせの遺跡が見つかったわけではないし、情報も不十分である。しかし今、縄文土器の起源問題が重要な局面を迎えていることは誰の目にも明らかである。

土器出現期の生活

神子柴文化の遺跡には土器が発見されたものと発見されていないものがある。発見された場合でもその量は非常に少ない。土器を持たない遺跡が持つ遺跡より古いとは言えそうもない。したがってこの神子柴文化は、土器を作る技術を持っていた文化であるが、彼らはその技術をあまり発揮しなかったことになる。神子柴文化の石器作りは日本の先史文化のなかでもっとも発達したものといってよい。優美で長大な木の葉形の槍先、重量感のある刃部磨製の片刃石斧や円鑿《まるのみ》形石斧、搔器と彫器を石刃の両端に作り分けた石器など特徴的なものが多く、石刃技法も発達している（図2）。これら道具の組み合わせは狩猟を中心とした生活を推定させるもので、植物質食料の処理に用いられたと考えられている種類の石器——石皿・磨石・凹石《くぼみいし》・敲石《たたきいし》など——がほとんどともなわない。この時期の生業は旧石器時代以来の狩猟を中心とするもので、狩猟の獲物と季節的な資源を追って移動性の高い生活が行われていたことを物語る。土器のように大きく壊れやすいものは、移動性の高い生活には不向きであるし、植物質食料をあまり使用しない生活では土器の必要性は小さかったのかもしれない。

このころの狩猟以外の生業の証拠として、少し時期は下るが、東京都前田耕地《まえだこうち》遺跡で出土した大量のサケの骨をあげることができる。多摩川、秋川の分岐点の近くに位置するこの遺跡では、秋に川をさかのぼるサケが集中的に捕獲され、おそらくは保存加工がなされていたのであろう。この遺跡では同時に大量の石槍が製作された跡もみつかったが、それは、来たるべき冬の狩猟シーズンにそなえて道具を集中的に準備した跡ともみられるし、石槍自体が、サケの捕獲・解体の道具として準備されたのかもしれない。このような生活の形がある程度の定住生活を可能にしたことを、住居址の存在が物語っている。サケの骨が検出された例はほかにないが、この時期の遺跡が川岸などの低い場所に多いことは、サケ漁の重要性を暗示している。

生活の変化

神子柴文化はまだ実態が十分明らかでない移行期を経て隆起線文土器の段階（縄文草創期のうちの一段階）に至る。この段階からは遺跡の発見数が増え、ほとんどの遺跡に土器がともなっているから、土器の使用はかなり安定したといえる。しかしそれも程度の問題で、縄文時代一般に比べるならばまだその使用量はずっと少ない。

縄文時代は古いほうから順に「草創期」・「早期」・「前期」・「中期」・「後期」・「晩期」の六つの時期に大きく区分されている。縄文時代の開始から後述する撚糸文系《よりいともんけい》土器が成立する前までを縄文「草創期」と呼ぶが、この時期の遺跡の特徴は、規模が小さいこと、竪穴住居址の発見が少なく、あっても構造的にしっかりしたものでないこと、洞窟・岩陰遺跡が多いこと、土器にくらべて石器の量が多く、その種類も石槍、有茎尖頭器《ゆうけいせんとうき》など狩猟用のものが主体をなし、植物質食料の処理に関係するとみられる石器は少ない（図9）。これらの状況は、当時の集落が十分安定的ではなかったことと、生業における狩猟の比重の高さ、植物質食料の利用の不振を示すものであろう。

縄文草創期の隆起線文土器の段階から洞窟・岩陰遺跡が多くなることは、狩猟活動にともないそのような場所がキャンプ地として選ばれることが多かったからであろう。しかしもっと狩猟が盛んであったと考えられる旧石器時代には洞窟・岩陰遺跡はほとんど知られていない。したがっ

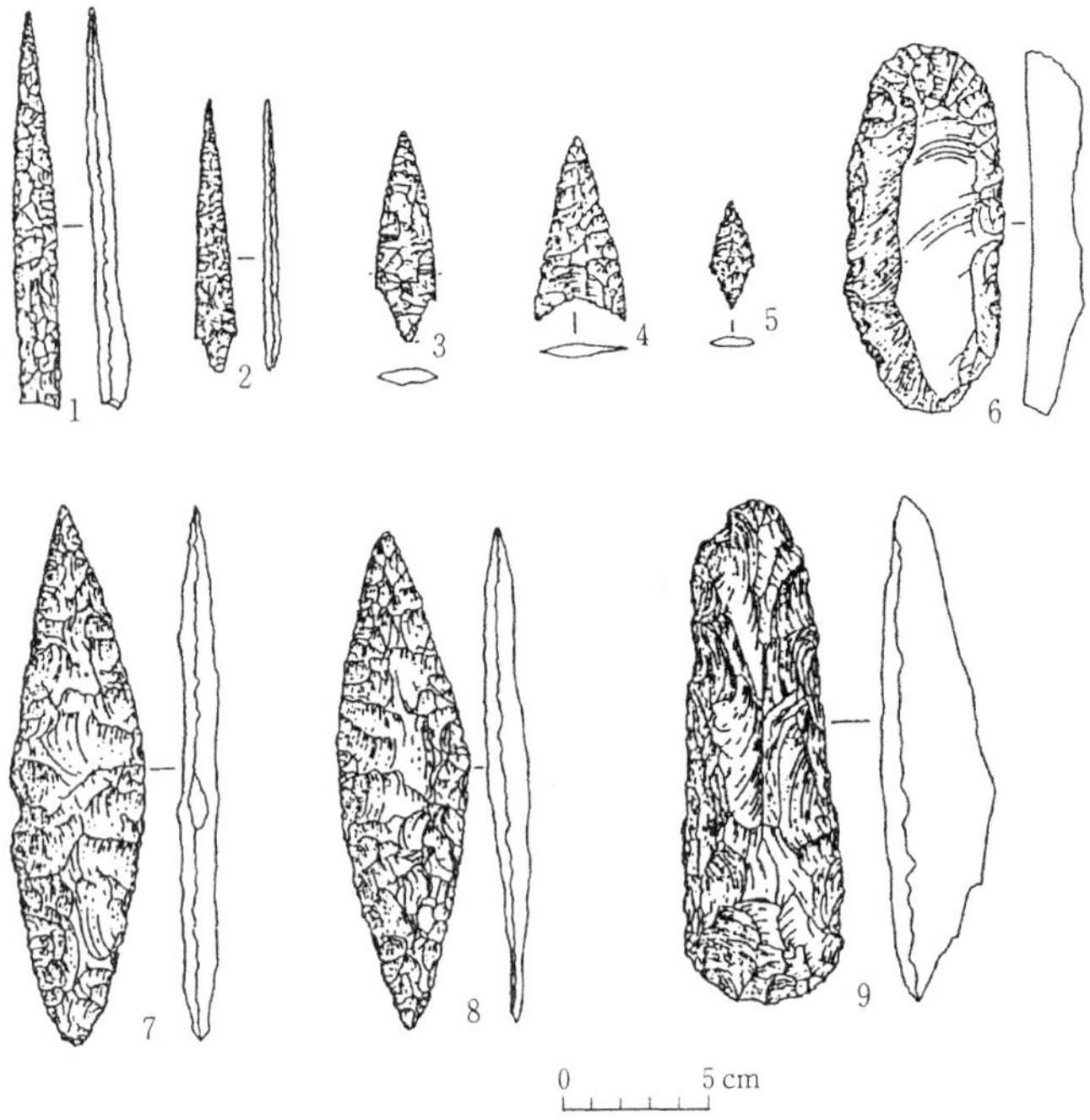

図９　縄文草創期の石器　新潟県小瀬が沢遺跡

て縄文草創期に洞穴・岩陰遺跡が多いことは、ただ狩猟が盛んであったためというだけでは説明できない。おそらく戸田哲也がいうように単独とか小人数で山間部に入って行う狩猟がこの時期から始まったことに原因するのではないだろうか（『縄文』光文社文庫、一九九一年）。それを可能にしたのが弓矢と犬の使用であったのではないかと疑っている。もっとも犬の骨の発見例は今のところ縄文早期をさかのぼらないし、草創期初めには石鏃《せきぞく》は少なく、数の多い有茎尖頭器は投槍だという意見が強いのであるが。

南九州での発展

このような草創期の遺跡のありかたは、当時の人々が小集団で移動性の高い生活を送っていたことを物語る。ところがこの草創期にあっても南九州だけは大きく様子が違っていたことが、この二〇年ほどのあいだに明らかになってきた。比較的遺跡調査件数が少なく、サツマ火山灰、アカホヤ火山灰など一メートル以上の厚さで上を覆われているために草創期の遺跡が発見されにくい条件下にあるこの地域において、発掘調査の密度が高い東京近郊と同じように多くの草創期の遺跡が発見されているのは、地下に相当な密度でこの時期の遺跡が埋没しているためであろう。

遺跡の密度ばかりではない。隆起線文土器の時期に属する鹿児島県掃除山《そうじやま》遺跡では、しっかりした掘り込みをもつ竪穴住居址二基のほかに煙道付き炉穴という特殊な遺構が検出され、土器の量も比較的多く、他の地域にはまだ普及していない形の石鏃が一二点あり、磨石・敲石が五点、

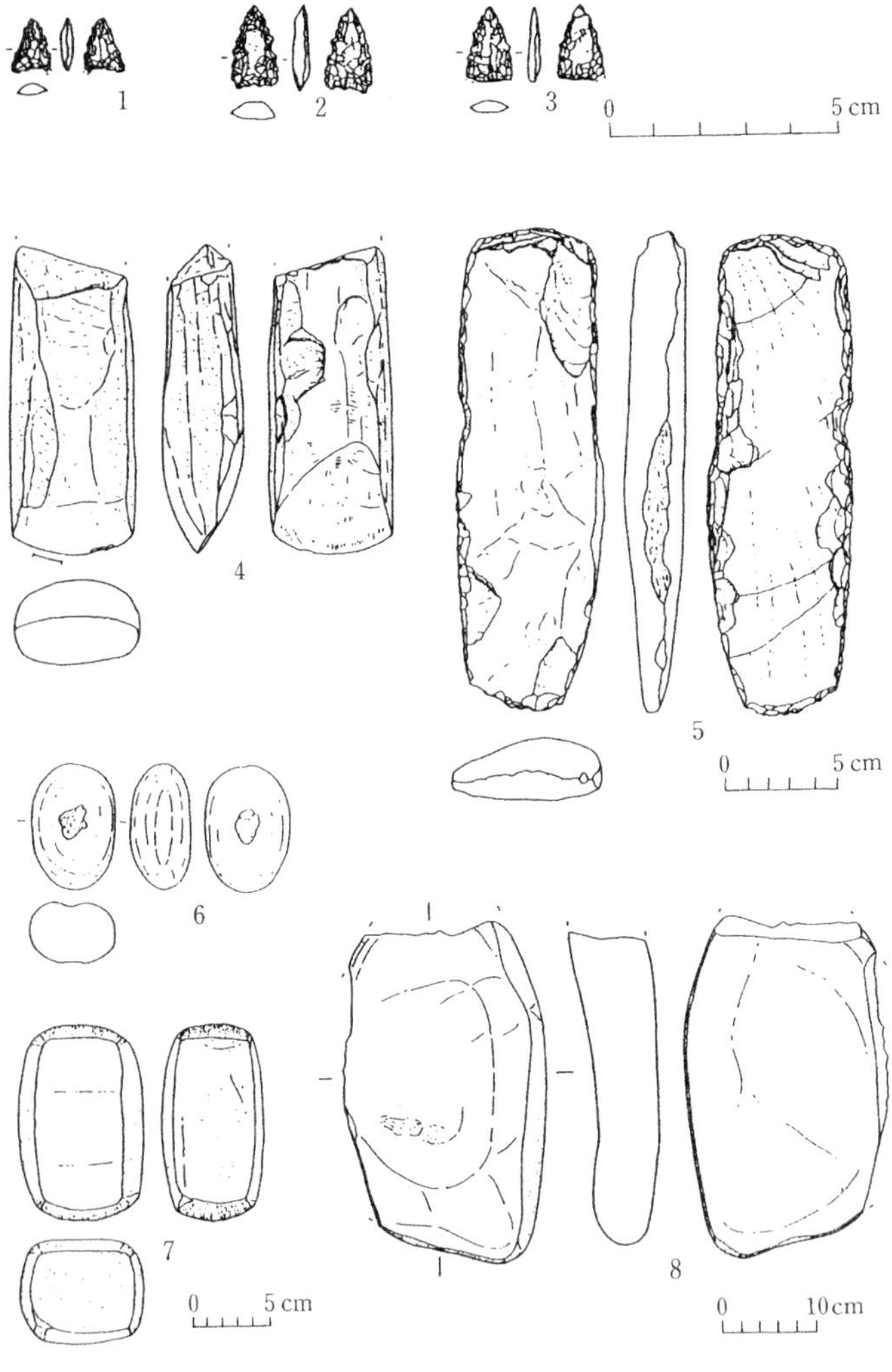

図10　縄文草創期の石器　鹿児島県掃除山遺跡

凹石が二点、石皿が四点出土している（図10）。これらは植物質食料が重要な役割を果たしていたことを示すものである。要するに南九州では草創期でありながら縄文時代一般と変わりのない石器の組み合わせをもつ遺跡が早くも出現しており、竪穴というしっかりした構造の住居の存在が、定住性の高い生活の始まりを示唆している。この場合の定住とは、数日とか数週間ごとに居所を変える遊動生活に対する言葉で、季節的に居住地を使い分けたり、数年ごとに居住地を変えても定住といえる。

同じ鹿児島の栫《かこい》の原《はら》遺跡でも、相当量の隆起線文土器、円鑿形を含む磨製石斧類、石鏃、打製石斧、磨石と石皿が出土している。

このような石器にみられる植物質食料の利用の高さを裏付けるように、同じ鹿児島県の東黒《ひがしくろ》土田《つちだ》遺跡ではドングリを貯えた小さな貯蔵穴が発見されている。温暖化する気候の中で温帯森林が繁茂し、南のほうから植物質食料に大きく依存する生活が始まり、生活が安定していったことがわかる。東黒土田遺跡のドングリは落葉広葉樹のドングリと同定されている。冷涼な気候の時代が終わり、温暖化しはじめたとはいっても、まずそこに広がったのは、現在の東北日本に分布するのと同じ落葉広葉樹林であり、後に西日本を覆うことになる照葉樹林ではなかった。照葉樹のカシ類のドングリは水さらしによって比較的容易にアク抜きができるが、落葉樹のドングリを食用にするには長時間煮たり、灰汁で中和する必要がある。彼らが落葉樹のドングリを蓄えたことが確かなら、早くもこの技術が獲得されていたことを物語る重要な事実である。少しあとの押圧《おうあつ》縄文土器の時期の竪穴住居が静岡県葛原沢《くずはらさわ》で発掘されているが、炭化した柱はクリ材であった。当時クリの実も大いに利用されたにちがいない。このような生活のなかで土器の使用が盛んになったのは、土器自体が植物質食料の利用と深く結びついた道具であったためであろう。九州の南海上に浮かぶ種子島の奥ノ仁田《おくのにた》・三角山《さんかくやま》は草創期の隆起線文土器の時期の遺跡であるが、草創期の土器とは思えないほど厚手で大型の土器が大量に出土している。土器の使用は明らかに南の地域ほど早く盛んになったのである。

土器作りの技術と使用の普及

大事なことは、土器を作る技術は先行する神子柴文化の時期から広く存在していた点である。ただその技術が隠れた技術としてあまり発揮されなかったものだから、土器が遺跡に残ることが稀で、土器以前の文化と誤認されてきたのである。そのような土器作り技術が広く存在するなかで、土器使用の必要が強まった地域においてのみ多くの土器が作られるようになったのである。北海道では本州で隆起線文土器に伴出する有茎尖頭器が土器をともなわずに存在する。草創期どころか早期前半の土器の存在も確かでないこの北方の地域では土器の使用はさらにおくれたといえよう。

まだ十分な証拠はないが、日本の内外の状況を見渡すと、土器作りの技術自体は北方から入り、神子柴文化とともに急速に広がった可能性が考えられる。ところが土器の本格的な使用は南から広がったのである。土器作り技術の伝播と、製作・使用の普及はまったく別の現象であったらしい。

植物質食料によって生活が安定した。植物食処理のために土器が力を発揮した。生活が定住的になったから土器の保有も木の実の貯蔵も可能になった。何が原因で何が結果かわからないほど相互に因果関係が交錯している。その中で最初の原因を指摘するとしたら、それは気候の温暖化と植生の変化であろう。そして次に定住生活が物質文化の発展と社会関係が複雑になるための基本条件をもたらした。定住してはじめて道具を運び続ける必要から解放され、固定的な人間関係が形成されやすくなったからである。

さきほど後氷期を地球の春にたとえたが、この時期に続く温暖な気候の北上によって、縄文文化の繁栄部分はさらに北へ広がることになる。桜前線にたとえることができる縄文前線の北上である。

縄文前線の北上

南九州で温暖な気候と火山灰台地が結びついて出現した生活の大きな変化は、草創期の次の早期になると関東地方の撚糸文系《よりいともんけい》土器文化（関東を中心に数段階続いた土器型式）においてよりはっきりした形で現れる。

日本ではヨーロッパで認められている新ドライアス期（一万一〇〇〇～一万年前）の一時的な寒冷気候への逆戻りがまだ自然科学的にはっきり認められていないが、世界的には、この時期を越すと気温と海面は再び急速に上昇した。九州では鹿児島県上野原の集落遺跡で、小型ではあるが五〇もの竪穴住居が発掘され、関東では撚糸文系土器期の文化が繁栄した。後者では集落数が急激に増加し、その中にもいままで見られなかったような多数の住居址を有するものがある。東京都武蔵台《むさしだい》遺跡は全掘されていないが、発掘された範囲内に二四軒の竪穴住居址が弧状に並んでおり、縄文時代の大集落の基本的な形である環状の住居分布の原形が成立していた可能性がある。

撚糸文系土器の時期の竪穴住居址は関東で三〇〇例以上発見されている。草創期全体の住居址が、不確実なものを入れても全国で十数例であるのとくらべると飛躍的な増加である。そしてこの時期には生業の形にも大きな変化が訪れる。それまで関東には見られなかった植物質食料に大きく依存する縄文的生活の始まりである。

東京天文台遺跡と植物食

撚糸文系土器期の遺跡の興味深い一例として私たちが調査した東京天文台構内遺跡の例を紹介しよう。

この遺跡は東京都の中でもとくに遺跡の集中する武蔵野段丘南縁に位置する。遺構としては三軒の竪穴住居址が発見された。建設工事に引っ掛かる部分を調査しただけであるから、集落のごく一部を発掘したにすぎず、これ以外にも多数の未発見の住居址が存在する可能性がある。このうちでとくに注目されるのは、大型の三号住居址で、八・二×八・四㍍四方のほぼ方形を呈する。縄文時代全体の住居址の中でも大きいほうの住居址である。その柱穴は比較的細

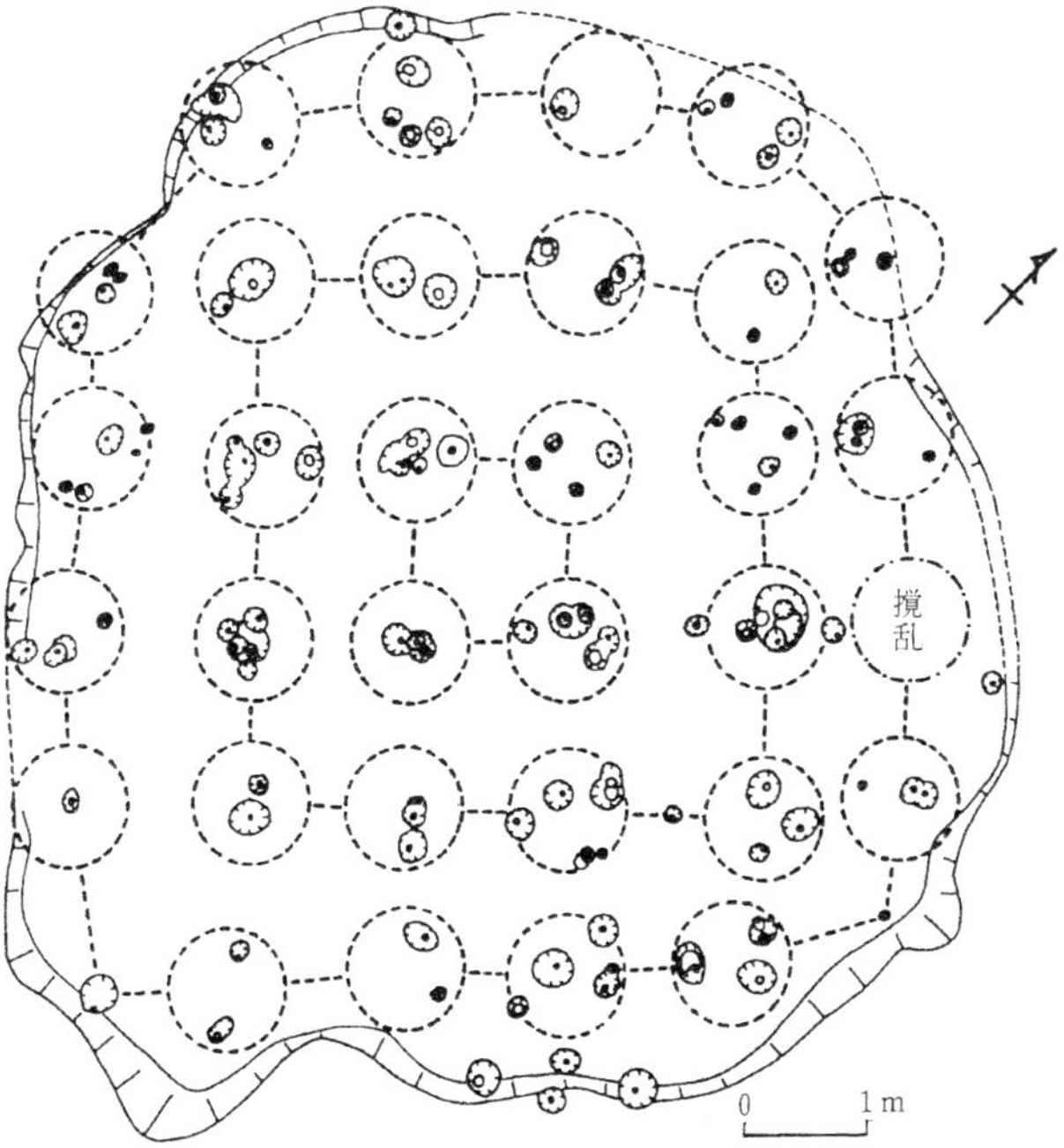

図11　東京天文台遺跡の３号住居址（縄文早期）の柱穴配置

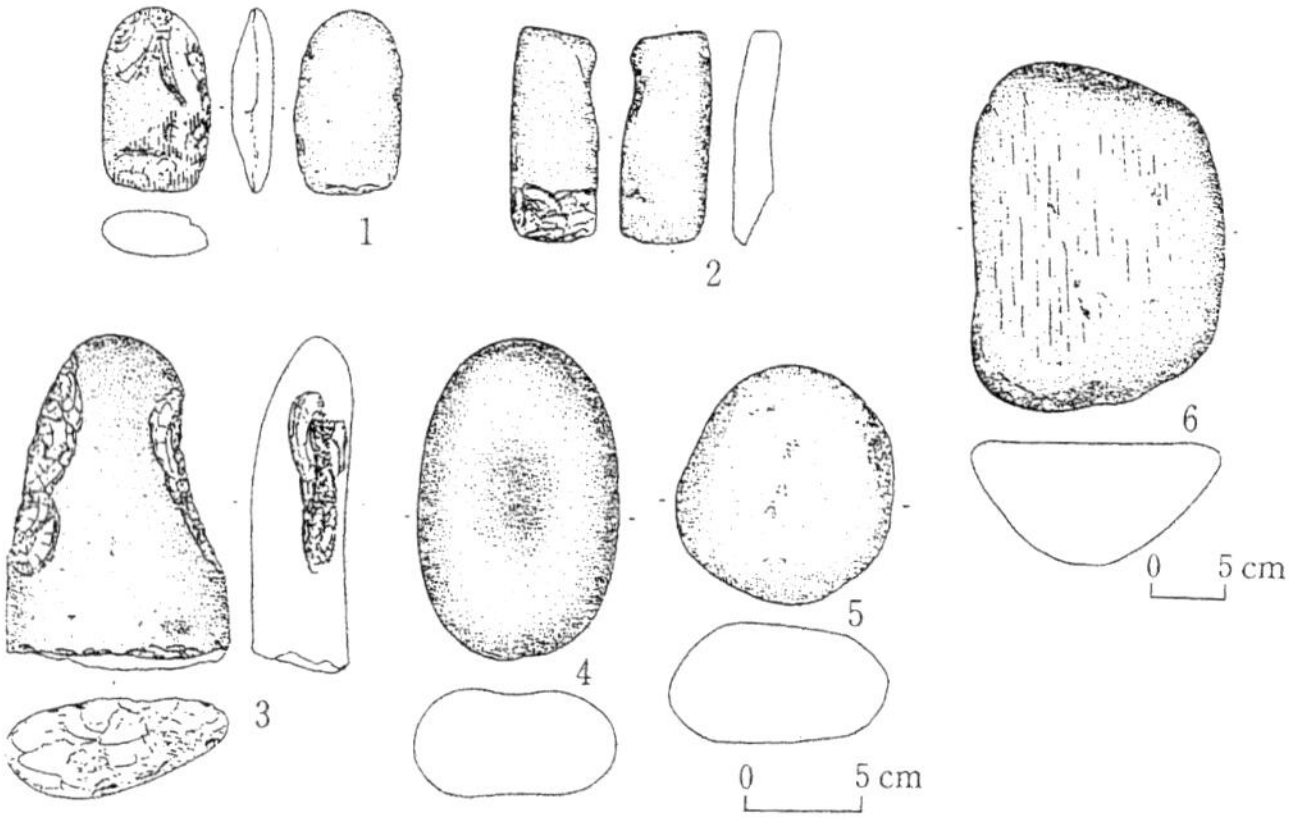

図12　東京天文台遺跡の石器（縄文早期）

いものであるが、それが三〜五本集まった群が、三重の方形に配置されている（図11）。このような柱穴の分布は、偶然住居址が同じ場所に重なって作られたり、住居の拡張が行われた結果としては理解できず、この住居が長期にわたって使用され、古くなった柱があまり位置を変えずに取り替えられたり、補強のために古い柱のわきに別の柱が付け加えられたものとみられる。このような状況は、この住居を使用した人たちが非常に定住性の高い生活を営んでいたことを物語っている。

この時期の安定した生活を保証した食料は何であったろうか。酸性の火山灰質土壌では獣骨も植物遺体もほとんど残らない。そこで石器を見ると、狩猟用の石器としては石鏃が少数あるだけであるが、磨石・凹石が五三八点、石皿六四点、スタンプ形石器一八五点など植物質食料の処理に用いられたと考えられている石器が大量に出土し（図12）、植物質食料の比重が非常に大きかったとみられる。

このように縄文草創期の、住居址も検出されない小遺跡がまばらに分布する不安定な状態から、しっかりした竪穴住居をともなう比較的規模の大きい遺跡が濃密に分布するようになる急激な変化の背景に、植物質食料の比重の高まりとそれを可能にした植生の変化が推定されるのである。

この撚糸文系土器期に出現したもう一つの大きな変化に海浜での漁撈《ぎょろう》の証拠がある。上昇する海面が多くの入り江を生み出し、縄文人の漁撈活動の舞台を提供した。代表的な例として神奈川県夏島貝塚を見てみよう。

夏島貝塚と漁撈

貝は主としてマガキとハイガイからなり、その後の貝塚に多く見られるハマグリ、アサリはない。この違いは前章で述べたように、海水温よりもむしろ貝類の棲息環境に関係することである。哺乳類の骨にはイノシシ、タヌキ、ウサギがあるが縄文時代の貝塚に一般的なシカの骨はごくわずかしか検出されなかった。イヌの骨もある。狩猟の補助として使われたのであろう。鳥にキジ、カモがあり、魚はマグロ、ボラ、クロダイ、スズキ、コチ、ハモなど多くの種類にわたる。骨製の釣針が未製品を含めて三本あり、釣り漁が行われたことがわかる。石器には石鏃《せきぞく》、磨石《すりいし》、石皿《いしざら》と多くの礫器《れっき》がある。礫器は扁平《へんぺい》な川原石の一端または周縁を打ち欠いて刃を付けた簡単な石器で、磨いて刃を付けたものもある。

そのほかこのころの貝塚として、千葉県西之城《にしのじょう》貝塚、茨城県花輪台《はなわだい》貝塚がある。西之城貝塚は利根川下流域に立地する。この地域は後に縄文海進の影響を強く受けることになるが、この貝塚がヤマトシジミを主とする汽水産《きすいさん》の貝類からなるのは、まだ当時の海水面が低く、遺跡の周囲に本格的に海水が浸入していなかったためであろう。

このような内湾での漁撈とともに外海性の漁撈も発達した証拠として、伊豆大島下高洞《しもたかぼら》遺跡をあげることができる。

下高洞遺跡と外海性漁撈

下高洞遺跡は伊豆半島の沖合二五キロの火山島、伊豆大島の西岸、標高二～三メートルに位置する。時代は撚糸文系土器末期に続く無文の平坂式《ひらさかしき》（約八五〇〇年前）の時期である。この当時の低い海面は遺跡の下二〇メートルほどにあったことになるが、大島のような火山島は地殻が不安定なので確かな推定はできない。

地形との関係で発掘面積は小範囲にとどまったが、竪穴住居址一軒が検出された。この遺跡では厚い火山灰層に保護されていたため骨がよく残っていた。ウツボ、イシダイ、メジナ、アジ、マグロ、サバ、ブダイなどさまざまな種類の魚類と、ウミガメ、イルカ類の骨があり、外海での漁撈が活発に行われていたことを物語る。またイノシシの骨も大量に出土するが、それは本土のものよりやや小型で、この島に棲息したものとみられる。石鏃とイヌの骨は島の中での狩猟活動を裏付ける。しかしさらに遠い伊豆諸島の島々を含め、伊豆の島の縄文遺跡からイノシシの骨が出土することは不思議である。なぜなら海底からの火山の噴火によって生じたこれらの島にもともとイノシシが棲息したはずはなく、また本土から一八〇㌔も離れた八丈島倉輪《くらわ》遺跡（縄文前期）までイノシシが泳ぎ渡ることも考えられない。本土のイノシシが肉として利用するために運ばれたのなら、それが小型種に偏る理由や、本土で盛んに狩猟されたシカの骨が出ない理由が説明できない。唯一可能な説明は、人間が生きたイノシシを運び、それが島の中で逃げ出すか意図的に放たれて自然に繁殖したことなのである。

縄文前期になるが、伊豆七島のうちでももっとも本州から遠い八丈島の倉輪遺跡には本州の土器が大量に運び込まれている。伊豆諸島でも御蔵島までは島と島の距離は三〇㌔以内であるが、御蔵島と八丈島の間は八〇㌔の距離があり、しかも黒潮が流れている。ここで朝鮮海峡と比較すると、韓国南岸と対馬、対馬と壱岐の間がそれぞれ五〇㌔であるから、本州から八丈島に渡ることは、韓国と日本の間を行き来することより難しい。その困難な航海を繰り返していた縄文の外洋漁撈民の技量に驚かされる。そして縄文時代に朝鮮海峡が、その距離だけの理由で文化伝播の障害になったはずはないといえる。

縄文経済の基本形　この時期に海洋漁撈の証拠がはじめて現れることをもって、それがこの早期の撚糸文系土器の時期にはじめて生業に加わったとみることは早計に過ぎよう。この時期でも海面は現在より二〇～三〇㍍低かったのであり、夏島貝塚のように当時高い丘陵上に形成されたものを除くと海浜集落遺跡の多くは海面下に没しているものと思われる。これ以前にもっと低い位置にもっと少ない数の漁撈集落が営まれたとしても、それが私たちの目に触れる可能性はきわめて小さい。夏島貝塚にみる完成した釣針が突然現れたとは考えにくい。これら下高洞の外海性漁撈という、高度な技術を要する生業が突然完成したことも考えにくい。これらはみな先行する時期に海洋に対するさまざまな適応の試行錯誤が行われていたことを暗示する。

いずれにしても植物質食料の重要性、土器の大量使用、内湾・外海を含めて海洋に対する適応、竪穴住居という定住的住居型式の普及、犬と弓矢を使った狩猟、イノシシのキーピング（一時的な飼育）など縄文文化の基本的要素がこの時期にほぼ出揃うことは重要である。精神的な活動の面でも縄文文化の代表的な宗教的道具である土製女性像（土偶）が、非常に単純な形ではあるが、花輪台貝塚などいくつかの遺跡で知られている。これらの要素のうちのいくつかはすでに見たように、先行する草創期において南九州に限って認められたものである。

北方での繁栄　今とりあげた撚糸文系土器の段階では東北地方には遺跡が非常に少ない。縄文前線が未到達である。東北地方では撚糸文系土器に続く日計《ひばかり》式押型文《しきおしがたもん》土器の時期から遺跡の数が増えはじめ、津軽海峡を越えて北海道にも土器や竪穴住居が現れる。次の沈《ちん》線文系《せんもんけい》土器の時期には爆発的ともいえる遺跡数と規模の増加がみられ、ついには東北北部や北海道南部の遺跡が関東の繁栄を凌駕するように見える。なかでも函館市中野B遺跡は全掘されているわけではないのに発掘されただけでも五〇〇以上の密集する竪穴住居址群が発見され、出土した土器・石器の量も膨大である。石器にはやはり磨石の類が多いが、網の錘《おもり》とみられる石錘《せきすい》がきわめて多く二万個以上も出ており、植物質食料と海の資源の組み合わせがこれほどの繁栄をもたらしたことがわかる。この時期の関東では、撚糸文系土器期より遺跡が少なくなり、住居址の発見も稀となる。しかし関東でも海進による浸食を受けにくい現在の利根川下流域にあった内湾をとり囲む地域や、岩盤が固いため浸食によって遺跡が無くなることのない三浦半島にこの時期の遺跡が比較的多くあることをみると、当時の遺跡が海洋資源を重視して海に近い場所に立地したため、東京湾や太平洋に面する地域では、まもなくやってきた縄文海進の高海面によって失われたものが多いように思われてならない。

狩猟と漁撈

生業の研究

縄文時代の歴史では固有名詞をもって語られる人物や個々の歴史的事件が記述されることはない。つかみどころもないような大衆の日常的生活の集合体としての歴史である。当時の人々にとっては生きるということ、いかにして食料を確保するかが最大の課題であり、彼らが生きるために食料獲得の技術と知識を磨いたことが、次の時代を生み出す土台になったのである。彼らがどのようにして自然条件に対応し食料を得たか、この一見退屈なテーマが縄文時代においてもっとも基礎的で重要な研究課題なのである。縄文人の生活を支えた主な生業は、狩猟・漁撈・植物質食料の採集であり、植物質食料が豊かになるように自然の森林に対する働きかけが行われた。さらにマイナーな要素として、有用植物の栽培、イノシシのキーピング（一時的な飼育）が加わった。これらさまざまな生業全体の関係はあとで考えるとして、ここではまずそれぞれを具体的に見ていきたい。

狩猟の方法

縄文時代の生活というと、一般にはまず狩猟をしている姿を思い浮かべる人が多いのではないだろうか。狩猟は後の農耕生活ともっとも対照的な活動であるがゆえに、縄文時代の代表的な生業とみなされることになったらしい。しかしこれは必ずしも正しいとはいえない。縄文経済の成立過程が物語るように、縄文文化の安定を支えたのは植物質食料であり、狩猟はそれや漁撈《ぎょろう》に次ぐ補助的な役割を担ったにすぎない。近代のマタギの生活ぶりを狩猟という活動ゆえに縄文文化の山間部における残存とみなす俗説は、発想の出発点から誤っている。

縄文時代にあっても狩猟の果たした役割は一定ではない。ときには狩猟が重要な生業となった時期があったことを次章の「森林性新石器時代」の節で見るし、地域的には、北海道ではエゾジカや海棲哺乳類の狩猟が漁撈とともに重要な生業であった。

縄文時代の主要な狩猟具は弓矢である。弓の実物は各地の低湿地遺跡で検出されているが、矢の検出例は非常に少ない。しかし先端につけた石製の鏃《やじり》は縄文時代のもっとも普遍的な石器であり、その量的変化が狩猟活動の活発さを測る資料となる。もうひとつの狩猟用石器である石槍《せきそう》は、縄文時代にはあまり一般的ではないが、草創期と以後の北海道・東北地方、つまり狩猟活動が重要であった時期と地域に見られる。

すでに述べたように、縄文時代に飼育された犬は狩猟の重要な補助者であった。狩人のグループと犬が獲物を追いつめて弓でしとめるのが縄文時代の狩猟の基本的な形であったらしい。矢の先に装着された石鏃《せきぞく》は草創期から存在する。犬は夏島貝塚で検出された骨が最古の証拠である。どちらも世界的にみても非常に古いものであり、土器と同様に、その起源が問題になるが、その確実な解明は土器以上に難しいかもしれない。

狩猟の対象となった動物は主にイノシシとシカである。体が大きく、一頭でかなりの食料となったからであろう。シカは林床のササを主な食料とし、イノシシは雑食性で、木の実、木の皮、小動物、昆虫などを食べ、森林の中で生きられる中型哺乳類である。縄文の狩猟対象が森林性の動物であったことは、その環境からいって当然であるが、後の日本文化における食料生産手段としての牧畜の不振という特色を見るとき、この狩猟対象獣の偏りは注意されるべきであろう。なぜなら世界的にみても牧畜の対象となったのはウシ、ウマ、ヒツジなど草原に群棲する哺乳類が中心であり、日本にはもともとそれらの動物の棲息条件がなかったことを示すからである（今村啓爾「狩人の系譜」『古代の日本』一〇、一九八七年）。他の中型動物として、山間部の遺跡では熊、カモシカの骨も出土することがある。キツネ、タヌキ、ウサギなどは食料以外に暖かい毛皮を入手するために重要であったろう。動物が皮下脂肪を蓄え、毛皮が厚くなる冬期は狩猟に最適の季節であったに違いない。

明治時代まで北海道のエゾジカは冬になると日本海側の多雪を避けて、釧路、十勝、日高方面への渡りを行っていた。その習性は縄文時代にも同じであったろうから、その狩猟には明確な季節性があったに違いない。海棲獣の狩猟にも、後で見るようにその回遊コースとの関係で、顕著な季節性があった。岩手県と宮城県の境の伊豆沼・長沼は今でも渡り鳥のルート上にあり、季節になるとおびただしい鳥の飛来で知られているが、ここの貝鳥貝塚からは大量のガン・カモ類の骨が出ている。このように縄文人の狩猟は、自然環境と動物の習性にもとづくもので、狩猟に関する知識は、狩場の地形、獲物を追いつめる方法、狩人たちの組織、統率など多彩なものであり、さまざまな約束やタブーにもとづいて行われたのであろう。残念ながらそれらは物質資料には残りにくい情報であり、われわれの知識は乏しい。しかし陥穴《おとしあな》という狩猟の場に残された施設の発見は、彼らが行った狩猟のあり方を覗き見させてくれることになった。

陥穴猟の発見

一九七〇〜七一年、私たちは横浜市霧《きり》ヶ《が》丘《おか》遺跡の調査を行った。その第三次調査では、一、二次でいくつか発見されていた長さ一・五メートル、深さ一〜一・五メートルほどの楕円形のピットが陥穴であるという推定を証明し、その時代、使用法などの問題を解明することを目的として特別な調査が行われた。この調査対象に選ばれた地域は長さ三五〇メートル、最大幅一五〇メートルの広大な地域であり、その中には台地平坦面、谷頭部窪地、尾根、尾根側面の斜面など変化に富む地形が含まれ、これによってピット群と地形の関係が十分解明できると思われた。

図13　横浜市霧ヶ丘遺跡の陥穴群（縄文早期）

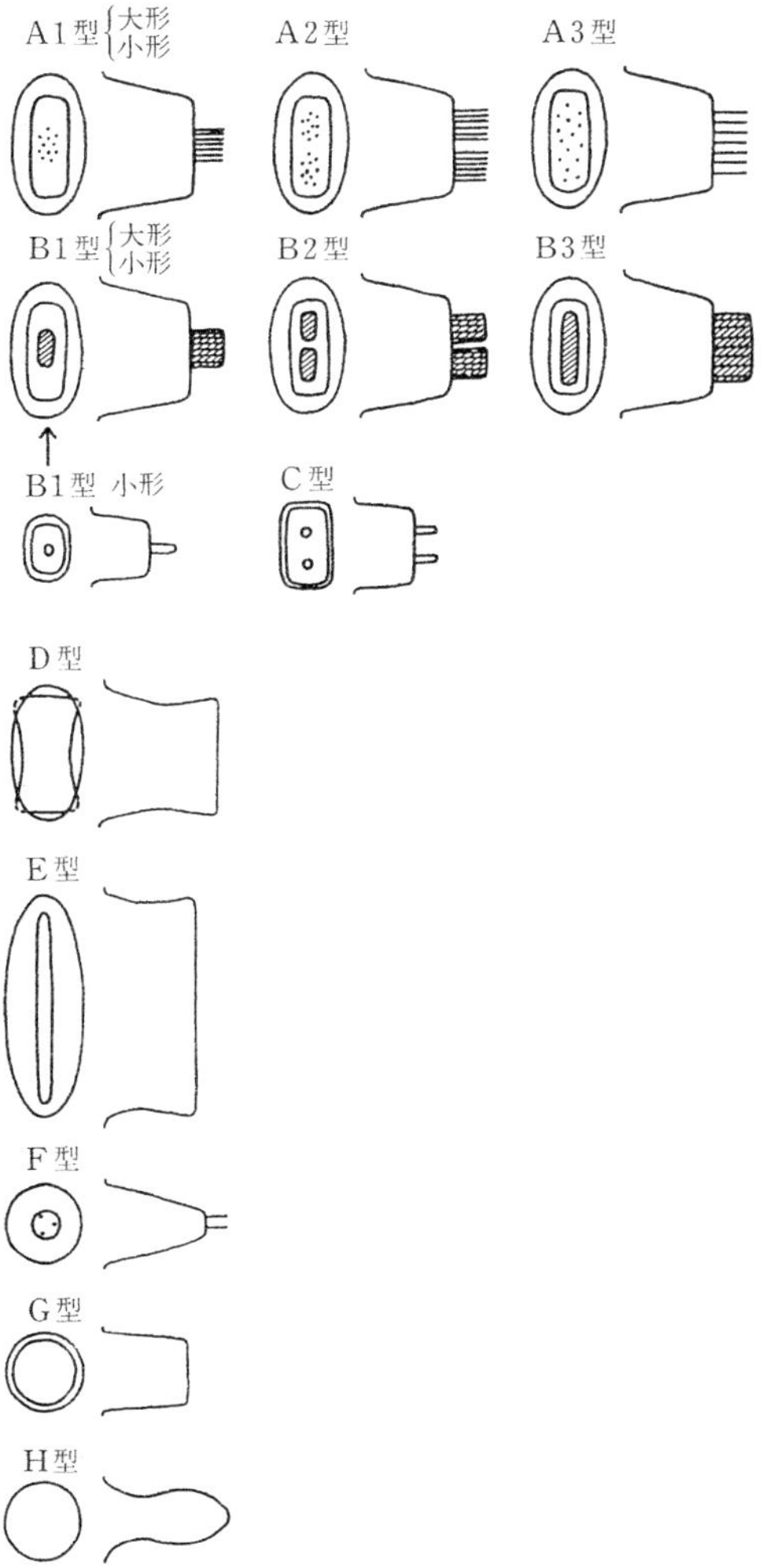

図14　霧ヶ丘遺跡における陥穴の分類

発掘の結果一一六基のピットが検出された。その形は実にさまざまであるが、図14のように分類される（その後各地の遺跡でこれ以外のタイプも多く検出されている）。

地形との関係をみると、調査範囲内に広く分散分布し、縄文時代の集落に見られる住居址や墓や貯蔵穴のありかたとはまったく違っている。急斜面にもあり、明らかに一般の集落にともなう施設とは異なる性格の遺構である。

等高線との関係からみると、だいたいにおいて等高線と直行しているが、谷頭の近くではその谷の方向に引かれて方向が変わる。このような方向性は、けもの道が基本的に斜面を上下する方向で存在し、谷の近くに来るとその方向に向きを変えるのだとするとよく理解できるものであった。

ピットの多くは縄文早期の後葉に属し、また少数だが、より古いもの、新しいもの、歴史時代まで下るとみられるものもある。

陥穴の構造については、単なる深い穴ではなく、動物が外に跳び出すのを防ぐしかけをもっていたと考えられる。これがもっともよく理解できるのがE型である。この形の陥穴は開口部では楕円形であるが、断面形はジョウゴ形で、底に近い部分では穴が幅一〇センチほどの溝状になる。このような形の穴に動物が落ち込むと、体が壁と壁の間に挟まれ、しかも脚は底まで届かないから、宙ぶらりんになってしまう。この状態で動物が跳び出すために身構えることは不可能であろう。このように非常に機能的な形なのである。これを参考にすると、細い棒を多数打ち込んだり埋め立てたりしたA型・B型の陥穴は、先の尖った木槍を立てて動物に致命傷を与えることをねらったものではなく、多数の棒によって動物の腹を支え、動物がピットの底に脚を付けて跳び出す体勢をとれなくしたものであろう。致命傷を与えるには木槍の数は一〜二本がよく、A型・B型のように一〇〜二〇本もの木槍を立てたら衝撃が分散してしまってかえって逆効果であろう。また動物を殺すことは、捕獲を確実にするとしても、肉が腐る前に取り出すためには頻繁な見回りを要することになり、人がいなくても作動する「人類最初の自動装置」である陥穴のメリットを大きく損なうことになる。底部に小穴がないD型の陥穴でさえ、底部の平面形が腰の細い糸巻き形という特殊な形に作られていることからみると、木材を使って動きを拘束する構造が存在したことを思わせる。

霧ヶ丘ではE型の陥穴は、偶然同じ場所で重なったときの切り合い関係から、縄文早期に多いA・B型より先行することが確実であるが、その後北海道や東北地方では中〜後期に属するE型が多数発見されている。また最近栃木県の登《と》谷《や》遺跡で多数の草創期のE型陥穴が検出された。そうするとE型とA・B型は長期にわたり併存したと考えなければならないが、この場合野生のイノシシの棲息しない北海道にE型とE型に近似する細長いタイプの陥穴ばかりがあることが重要で、E型のように細長いものはシカの捕獲をねらったものであり、多摩丘陵に多い楕円形大型のものはイノシシを主たる対象にしたことになるであろう。小型のものはほかの小動物を対象としたものかもしれない。

この霧ヶ丘における私たちの結論に対し、何人かの人によって陥穴とは考えられないという批判がなされた。その批判の中心はなんといっても陥穴としては小さ過ぎる、浅過ぎるというものである。近世の農民が作った深く大きな陥穴を示して、それよりはるかに小さいから陥穴ではないという批判もあった。しかしそれらの批判の最大の欠陥は、私の繰り返しの要求にもかかわらず、陥穴説に対する何の対案も示せないことである。多摩丘陵の縄文早期だけで数十万から数百万も作られたことが推定される穴が、何の目的もなしに掘られたというのであろうか。

この批判に対し、私は未開民族の陥穴の事例を集め、そのさまざまな形が縄文の陥穴のさまざまな形とよく対応すること、また縄文の陥穴がそれらにくらべ決して浅過ぎるということはないこと、民族例に特徴的な等間隔列状配置が縄文の陥穴にもしばしば見られることを示した。

陥穴の物語るもの

この霧ヶ丘の調査以後、行政発掘の数と規模が増加するなかで、北海道から鹿児島まで日本全国から多数の陥穴群が発見されていった。時代も旧石器時代から歴史時代にわたる。その中でもとくに集中が目立ったのが、霧ヶ丘もその中に含まれる多摩丘陵であり、また北海道南部から東北地方北部にかけての地域にも陥穴の濃密な分布が知られた。

多摩丘陵の中でもとくに住宅地開発に先立って綿密な発掘調査が行われた約三〇平方㎞の多摩ニュータウン地域では一万以上の陥穴が発掘され、陥穴についてのもっとも密度の濃いデータが蓄積されている（佐藤宏之「陥し穴猟と縄文時代の狩猟社会」『考古学と民族誌』、一九八九年）。

早期後半から前期にかけての陥穴は楕円形で底に棒を立てたものが多く、丘陵地、とくに長い谷の奥の源頭部に多く分布する。中期以降のものは底部に特別な施設がない細長い形が多く（E型とこれに類するもの）、台地平坦面に立地することが多い。また配置法は前者が同時に作られたとみられる同形同大のもの二〜三基でグループをなして存在するとしても、明瞭な列状配置をなさないのに対し、後者はしばしば等間隔列状の配置を示し、対照的である。後者のような形と並べ方の陥穴は、北海道から東北地方の中〜後期にも多いが、単純に列状配置が新しいとはいえないようで、静岡県初音《はつね》ヶ原《がはら》遺跡では旧石器時代に属する円形のものが、登谷遺跡では草創期に属するE型がこのように並べられている。

多摩丘陵の早〜前期の陥穴は、谷頭を主とする選地と、明瞭な列状配置をなさないことから、動物が自然に落ちるのを待ったと考えられるが、列状配置の陥穴は民族例からみても穴と穴の間に柵を作り、柵をよけて通ろうとする動物が落ち込むように工夫されたもので、大規模なものは追い込み猟とも結びついた可能性がある。しかし追い込み猟の典型は、長い、一点に収斂《しゅうれん》する誘導柵によって囲いや大きな穴の中に追い込むもので、北方ユーラシアやアフリカの民族例に見られる。このような狩猟法は日本でも『続日本紀《しょくにほんぎ》』など歴史時代に行われた記録があるから、縄文時代にもあったかもしれないが、柵は動物の脅しになりさえすれば丈夫なものでなくてもよいので、遺構として残りにくい。最近、北海道千歳市キウス第五遺跡でシカの追い込み猟の柵とみられるものが検出されているが、使用法がいまひとつはっきりしない。時期は中期以降、晩期以前とされる。

陥穴に関する興味ある問題は、その使用地と集落の位置の関係である。これについては次章の「社会と宗教」の節で集落と領域の問題として取りあげたいが、第一に注目すべきは、陥穴使用の時間的偏りである。先述のように多摩ニュータウンでは一万以上の陥穴が発見されているが、その多くは早期後葉に集中している。早期後葉と対照的なのが中期である。西関東だけで一万を超える住居址が発掘されているにもかかわらず、この時期には陥穴の確実な例がほとんどない。ここでいえることは、陥穴猟が縄文時代に行われたことは確かであるが、その形や使用法、とくに使用頻度は時期によって著しく変わったことである。ある時期には特殊集中的に行われ、それを主たる生業としていた集団があった可能性さえあるのに、一方ではそれがほとんど行われていなかった時期もある。もうひとつ考えなければならないのは陥穴以外の罠類の使用である。世界には狩猟採集民に限らず農耕民によってもさまざまな罠が使用されてきた。跳ね罠、圧し罠、括《くく》り罠、しかけ弓などで、陥穴よりも容易に作れるものも多い。しかしそれらが考古学的に認識できる証拠を残すことはほとんど期待できないであろう。

もうひとつ陥穴からくみとるべき教訓は、縄文早期という段階において、すでに急峻な山地を除くほとんどの平地、丘陵地が人間によって密に利用されていたという重要な事実である。このような比較的早い段階においてすら、今後開発可能な広大な未開の土地が残されていたわけではない。早期から前期、中期と続く遺跡数の増加、人口の増大は、未開な土地への人間の進出によってなし遂げられたものではなく、土地や自然の有効な利用法の発達によるものといわなければならない。

縄文時代の主だった実用の道具は早期にはほとんど出揃ってしまって、以後大きな進歩はないようにみえる。しかし縄文時代の陥穴に見られるさまざまな工夫は、石鏃や石槍では知ることの難しい、当時の狩猟における人々の熱心な研究心と改良の跡を物語っている。漁撈における銛《もり》とならんで、対象や機能に応じてもっとも豊かなバリエーションを生み出した道具といえよう。そして道具をいかに有効に使うかというソフトウエアの面でもさまざまな工夫があったことを教えてくれる。

飼　育

狩猟と対照的な動物の利用が、飼育である。イヌの飼育は早期には行われている証拠があり、死んだイヌは人間と同じように丁寧に埋葬された。横浜市菊名《きくな》貝塚では二〇体以上のイヌの骨が発見されている。西関東で陥穴が下火になる前期から犬の埋葬例が増えてくるのは偶然ではないかもしれない。犬と人間の共生関係は狩猟活動における協力を通して明確であるが、イノシシも人間の集落の周囲では食料のくずや人糞をあさることができ、集落の周囲にできる開けた植生の土地には餌も多かったから、集落の近くに出没したであろう。縄文時代の人々は罠や陥穴でイノシシを生きたまま入手する機会が少なくなかった。多産のイノシシのことであるから仔の捕獲はいっそう機会が多かったことであろう。宮城県田柄《たがら》貝塚（後期）や千葉県白井《しらい》大宮《おおみや》貝塚（中期）ではイノシシの仔の埋葬が発見され、千葉県下太田《しもおおた》貝塚（中期）では、イノシシとイヌの幼獣だけを葬った墓域がある（菅谷通保・樋泉岳二「茂原市下太田貝塚の集団墓と動物の埋葬」『動物考古学』一一、一九九八年）。イノシシが一時的に飼育（キーピング）されたことを物語る。かわいいウリボウが死んだとき、縄文人はそれを食べるのにしのびなく埋葬してやったのだろうが、特別の墓域まで用意しているということになると、ひとつのしきたりにさえなっていた可能性を考えなければならない。このようなキーピングがきっかけになり、本来イノシシが棲息しない離島にそれが運ばれて繁殖したり、後晩期の北海道においてイノシシの骨が見られるようになる。

内湾漁撈

前節で見たように、縄文海進は日本の平野部に無数の小さな入江を生み出し、漁撈活動の場を与えた。縄文時代についていう内湾と外海の区別は現代の漁業の分類とは違い、このような入江で行うのが内湾漁撈で、東京湾に直接面する地域などは外海ということになる。漁の道具や方法が異なるのである。

東関東地方など縄文時代に非常に複雑な内湾が広がった地域の貝塚の土を篩《ふるい》でふるうと、イワシ、サヨリ、小型のアジなど小型魚の骨が大量に検出されることがある。このような魚は一匹ず

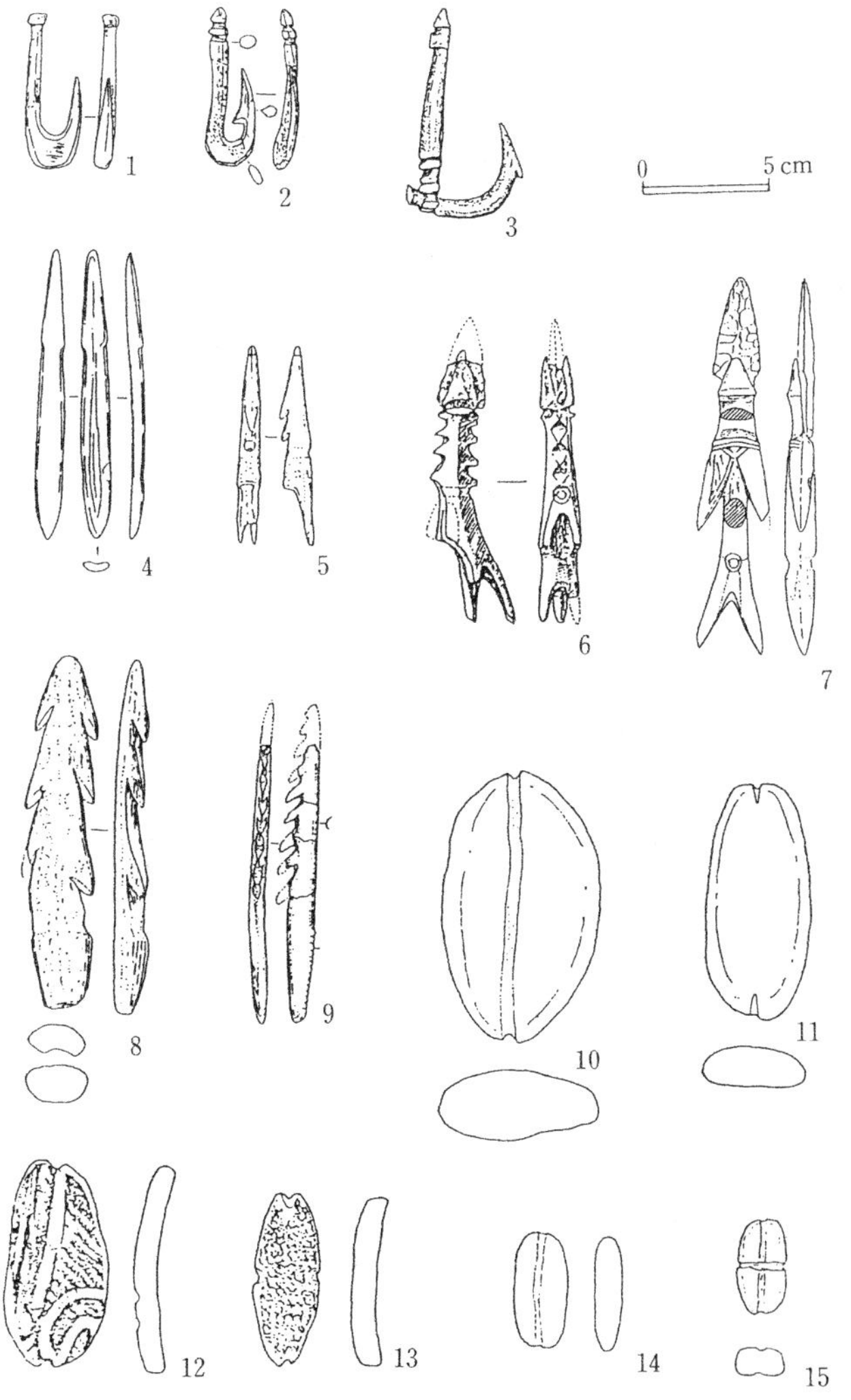

図15　縄文時代の漁撈具

1－3：釣針，4－9：銛，10－11：石錐，12－15：土錐，7は続縄文

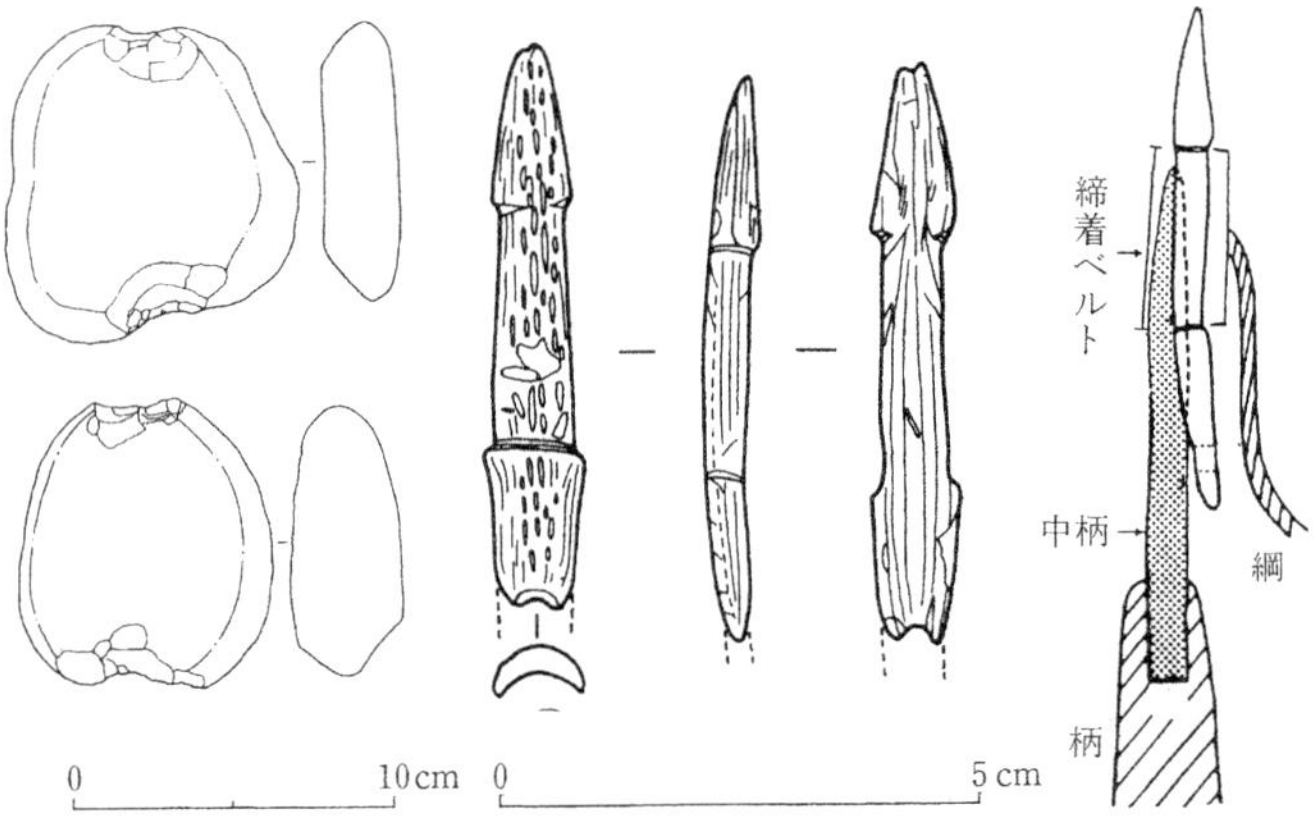

図16　青森県長七谷地貝塚の礫石錐（左），回転式離頭銛（中）とその使用復元図（右）（縄文早期）

つ捕ったとは考えられない。網漁が行われたのであろう。網自体の検出は晩期の松山市船ヶ谷遺跡に例があるが稀である。しかし網の錘《おもり》と考えられる石錘《せきすい》、土錘《どすい》は縄文時代の遺跡によく見られる遺物である（図15）。ただしこの種の遺物のどこまでを網の錘とみるかによって、網漁の発達経過の理解はまったく変わってくるのである。渡辺誠の説によると（『縄文時代の漁業』、一九七三年）、早～前期ごろから関東の内湾に面する遺跡などに見られる土器片錘《どきへんすい》（土器の破片に切れ目を入れて、糸をかけた）が、網漁の初期の発達を示す遺物で、中期に東関東の内湾地域で盛んになり、やがてこれから切《き》れ目《め》石錘《せきすい》（扁平な礫に細い切れ目を入れたもの）が生まれ、西日本に伝播する。また後期に東北地方で有溝《ゆうこう》土錘《どすい》（はじめから糸かけの溝をつけて焼成した土製品）が、次いで有溝石錘《ゆうこうせきすい》も生まれる。すなわち網漁撈は、中期に東関東の内湾で盛んになり、そこから時間的に遅れながら全国に伝播したという。

これに対して、扁平な礫の両端を打ち欠いて糸かけにした礫石錘《れきせきすい》（図16）までも網の錘とみるならば、これは早期の段階から北海道（函館市住吉町、中野A・Bなど）、東北地方（青森県新納屋《しんなや》、長七谷地《ちょうしちゃち》など）の海岸部の遺跡に多くみられる。渡辺誠はこの礫石錘は漁具ではなく、粗い編み物（アンギン）を織るときの錘《おもり》とするが、数多く出土する遺跡があまりにも海岸部や湖沼（福井県鳥浜貝塚など）、大河川の近く（岩手県滝ノ沢など）に偏っており、漁撈具とするのが自然な理解である。内湾に面したと推定される遺跡に多いが、外海に面した場所でも使用されたらしい。重量は土器片錘や切れ目石錘と同じくらいのものから数倍のものまであり、変化の幅が大きい。また時間的、地域的に土器片錘・切れ目石錘と重なる部分がある。礫石錘の特徴として、多い遺跡では一〇〇〇個以上、ときには一万個も出ることがあり、同時に多数用いられたらしい。網漁にも何種類かあったのではないだろうか。

網と同様に入江で多く使われた漁撈具にヤスがある。木の柄の先に骨角製の針状の刺突具を一本または数本つけた道具で、獲物が外れないように逆鉤が内側に向かい合うよう工夫したものが宮城県田柄貝塚などにある。

貝塚

貝の採集は行動の形としては採集であるが、海岸、湖沼での活動であり、水辺の住民の生業であることから漁撈に含めたほうがよい。貝塚は遠浅の海岸が広がり、干満の差が大きい、現在でも潮干狩りが行われるような地域に多く分布する。とくに中期〜後期の千葉県東京湾岸、利根川下流域には大きな貝塚が残され、規模の大きい加曽利・曽谷などの貝塚は、当時の集落の形を反映して、環状・馬蹄形をなす。

そのような貝塚を見ると、その厚く積もった貝殻の量に驚き、当時の人々は主に貝ばかり食べていたのではないかと想像されやすいが、土器型式で数型式、数百年をかけて形成されたものであることを考慮すると、あまり過大な評価はできない。そのような貝塚が当時の海から数㌔距離を隔てている場合も多く、貝が食料の中心であったならもっと近くに居住したであろう。

貝塚には貝とともに獣骨・魚骨や土器・石器などさまざまな遺物を含むものと、貝以外の遺物の乏しいものがある。前者は集落内での生活残滓《ざんし》が捨てられた結果形成されたものであることは明らかであるが、後者は多くの場合もっぱら貝の採集活動を行った跡である。そこでは日常的な生活が行われなかったか、あるいは貝殻の遺棄と堆積が非常に早く進んだので、生活残滓が一緒に捨てられることが少なかったのであろう。このような貝塚の場合、貝類の季節的な集中採集活動の跡、あるいは拠点集落から離れて存在した貝類採集用のキャンプ地ともみられる。千葉市宝《ほう》導寺台《どうじだい》貝塚（前期）、千葉県実信《さねのぶ》貝塚（中〜後期）、東京都伊皿子《いさらご》貝塚（後期）などがあるが、一九

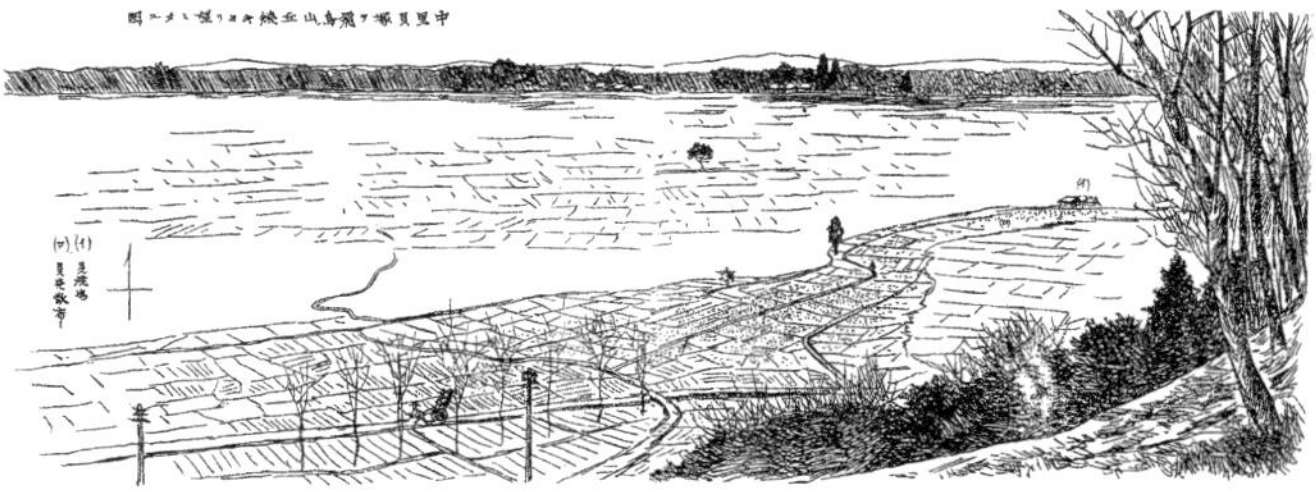

図17　明治時代にスケッチされた東京都中里貝塚（縄文中期）
点々が貝層を示す.

九六年に調査された東京都北区中里《なかざと》貝塚（中期）が典型的で、当時の海岸に厚さ四メートルにも及ぶ幅三、四十メートルの貝層が一キロの長さにつながっていたことが明らかになった（図17）。しかも貝はほとんどがハマグリとカキで、大型のものを選択的に集めている。非常に特殊化した専業的な貝の採集の跡である。美味な貝肉の大量入手を目的とする活動が行われたことが知られ、当時の食糧事情の良さを物語っている。考古学ではあまり食料の味が問題にされることがないが、縄文時代の人々といえども美味なものをたくさん食べたいと思っていたことは当然であり、それが実現されているときは食料事情が良かった証拠である。

大型の貝ばかりが選択されていることについて、養殖という説もあるが、少なくとも資源保護のため選択的な採集が行われていたことは確実である。海岸で処理が行われていたのは、殻を外して運びやすくすることが第一の目的と思われ、ある程度遠方での消費を思わせる。交易用の干貝という可能性も使用法の一部としてあげられるであろう。しかしこの場合、従来交易用干貝の製作跡という主張もなされてきた千葉県加曾利《かそり》貝塚などと立地、包含遺物、貝類の選択における違いは著しい。干貝作りの結果、中里のような特別な貝塚が形成されたのであれば、従来の説は再考が必要である。

釣りと銛漁

釣り漁は外海・内湾・河川・湖沼をとわずに行われた漁撈活動であるが、内陸では淡水貝の貝塚・洞穴のような特殊な遺跡を除くと骨角製の釣針は残りにくく、内陸での状況はわかりにくい。縄文早期の例として長野県栃原《とちはら》岩陰で両端が尖る針形のものが知られている。中央に糸を結んだものであろう。海岸では早期の夏島貝塚以来各地で大小の釣針が知られているが、ほとんどが長さ三《チ》《セン》以上で五《チ》《セン》以上のものも珍しくない。かなり大きな獲物をねらったことがわかる。内湾よりも外海的環境の遺跡に多く見られる。材料は獣骨の他粘りのある鹿の角が好まれ、枝分かれの部分をうまく利用して作られた。さらに大型のものを作るためには軸の部分とカギの部分を別々に作って縛り合わせる結合式のものがある。針部分の根本に結縛のための糸かけの溝を切り、おそらく木製の軸に結びつけた赤御堂型《あかみどうがた》（早期）、軸部の下端を二又にして針部をはさむ寺脇型《てらわきがた》（晩期）、軸部の下面の溝に針部を挿入する西北九州型《せいほくきゅうしゅうがた》（前期〜弥生）などがある。

さらに外海的な漁撈を代表する道具が銛《もり》である。といっても、三陸海岸のような深い入江の連なる地域に出土例が多いことを考えるならば、外洋性の魚類が入り込む小湾において使用されることが多かったのであろう。

銛については、銛頭《もりがしら》が柄から外れ、銛頭につけた紐《ひも》が手元に残るものを「銛」とする金子浩昌の意見と、銛頭が外れなくても逆鉤の発達したものを「固定銛」とし、まっすぐ針状のものをヤスとする渡辺誠の意見がある。この場合は、銛頭が外れるものを「離頭銛」と呼ぶことになる。これには必ず紐を固定する溝か穴がなければならず、また反りがあったり、非対称形で、獲物の体内で銛が半回転して外れにくくなるものを「回転式離頭銛」と呼ぶ。回転式離頭銛のもっとも古いものは、北海道東釧路《ひがしくしろ》貝塚（早期末）、青森県長七谷地貝塚（図16、早期末）など、北方の早期、前期にあり、礫石錘を用いる漁撈と類似の分布を示している。以後北海道方面で発達を続けるが、骨製が多く、柄を付ける方法がソケット式でなく溝に柄を当てて紐で縛る開窩式《かいかしき》である点に特徴がある。海棲獣の肋骨《ろっこつ》を主な材料にしたために生じた形であるらしい。中期には東北地方で鹿角製V字形の南境型が生まれ、逆鉤の多い沼津型に発達する。東北地方で晩期に発達する燕形はソケット式で、尾部に二〜三の顕著な突起を有する。先端が二又になり、石製の銛頭を着装するものや、側面に多くの逆鉤がつくものなどがあり、これは北海道南部続縄文時代に続き、さらに恵山《えさん》型（図15の7）につながる（大島直行「続縄文時代恵山式銛頭の系譜」『季刊考古学』二五、一九八八年）。関東地方では前期から、まっすぐで、両側に多くの逆鉤が並ぶ形の骨角器が発達するが、離頭式になっていたかどうか意見が分かれる。このように漁撈具は縄文時代の実用の道具としては珍しく地域差が大きく、発達の過程が明瞭である。

各道具と対象とした獲物の種類の関係については、遺跡の立地や検出される骨の種類との比較による推定が行われているが、銛が海棲獣、マグロなど大型の獲物をねらったものであることはいうまでもなく、釣針はその大きさに応じて、大型から中型の獲物、ヤス・網は中型・小型の獲物をねらったものと思われる。ヤスや網は入江や湖沼で使用されることが多かったが、礫石錘は外海に面した海岸でも使用された。

海棲獣が回遊してくるような特殊な地理的条件にある海岸では、漁撈的狩猟が行われた。とくに北海道のオットセイ・アシカ・トド・アザラシなどの狩猟が目立っており、たとえば伊達市北《きた》黄金《こがね》貝塚（前期）や戸井《とい》貝塚（後期）では、秋から春に回遊するメスのオットセイと幼獣の骨が大量に出土している。イルカは北は根室市東釧路貝塚（前期）から南は神奈川県称名寺《しょうみょうじ》貝塚（後期）、石川県真脇《まわき》遺跡（前～中期）など日本各地に大量の出土が見られる遺跡がある。外海に近い小さな入江を利用して追い込み、捕獲したのであろう。

珍しいものとしては、小川の水流内に作って魚を追い込むヤナが岩手県萪内《しだない》遺跡（後期）で検出されている。集落の脇の雫石川《しずくいしがわ》旧河床につくられたもので、扇形の魚を誘導する部分と楕円形の魚を囲む部分からなっている。開口部は川の上流を向いている。このような施設は特別な条件がないと遺存しないものであり、実際はもっと盛んに用いられたのであろう。

縄文時代の漁撈について古くから議論が続いているのはサケ・マスの役割である。

サケ・マス

かつて山内清男は縄文時代の食料について緯度がほぼ同じアメリカのカリフォルニア＝インディアンの状況を比較の材料とし、日本の東北部はドングリとサケ・マスが主食で、西南日本はドングリが主食であったと考え、両地域の遺跡数、ひいては人口の多寡はドングリだけの地域とこれに加えてサケ・マスが利用できる有利な地域の違いであると論じた。これに対して渡辺誠はサケ・マスの骨が遺跡から検出されないため、机上の空論であると批判した。しかし貝塚など遺跡の土が篩《ふるい》がけされるようになると、北海道、東北、北陸の遺跡でサケの断片的な骨が検出されるようになってきた。なかでも草創期の前田耕地、続縄文の北海道江別太《えべつぶと》遺跡では大量の骨が検出された。縄文の初めと直後に大量利用の証拠があるのだから縄文時代一般についても利用されたとみなければならない。ただし温暖な時期にどこまで南下遡上したかが問題である。サケの骨が残りにくいのはその骨のもろさだけでなく、保存のための特殊な処理や食べ方とも関係があるらしい。

サケは東北日本では相当重要な役割を担い、とくに冬から春にかけての保存食として重要な役割を果たした可能性が高い。しかしたとえば関東・中部高地の中期の繁栄をこれによって説明することは、遺跡の立地からも骨の遺存体からいっても難しい。

縄文時代の漁撈は、その対象とした環境・獲物の種類、使用された道具、方法ともにきわめて多彩である。植物質食料の採集や狩猟は、その細部や方法の多彩さについての情報が得にくいが、漁撈の多彩さは、植物質食料の採集や狩猟においても、縄文の人々が環境に細かく適応し、資源を隅々まで開発していたことを確信させるのに十分である。

植物質食料の採集と栽培

植物質食料の利用について知る手がかりとして、食用植物の遺存体、それを処理するための道具類、間接的ではあるが遺跡の立地などがあげられる。花粉分析による遺跡周辺の植生の復元も重要である。

復元の手がかり

いうまでもなくもっとも直接的な資料はその遺存体である。しかし残りやすいものと残りにくいものの違いが極端なので、そこから生じがちな虚像と実態との差に注意しなければならない。これまで遺跡で検出された食用植物の遺存体でもっとも数の多いのがクルミの殻であるが、だからといって縄文時代にクルミがもっとも重要な植物食であったとはいえない。一方、利用されたに違いないヤマイモの遺存体が発見されたことは一度もない。

石器は腐朽しないのでどのような遺跡でも同じ条件で残り、植物食利用の量的な側面について

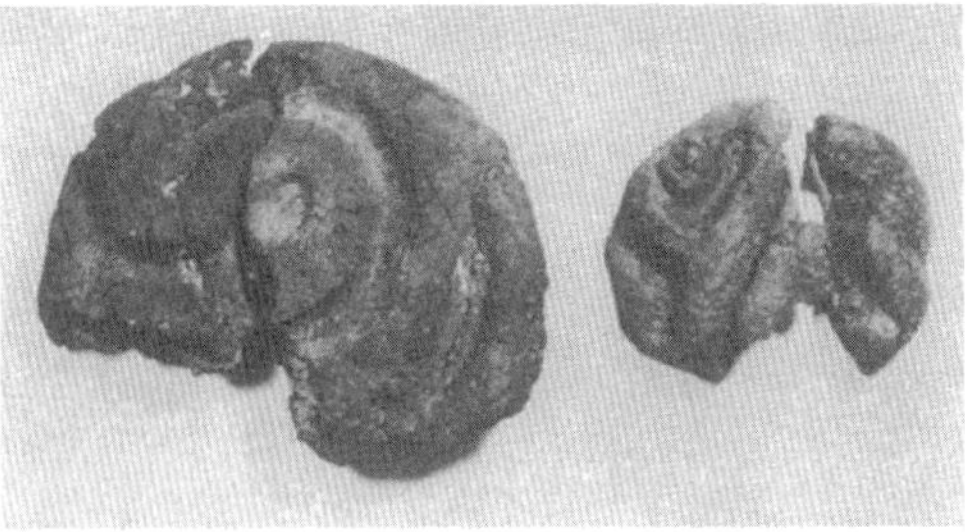

図18　山形県押出遺跡のクッキー（縄文前期）

推定する重要な手がかりになるが、各石器の機能が十分確実に解明されていないこと、複数の機能を有する可能性もあるので、取り扱いには慎重を要する。

主に植物食の処理、たたきつぶしや製粉に用いられたとみられる石器に石皿・磨石《すりいし》・凹石《くぼみいし》・敲石《たたきいし》がある。凹石はクルミなどの固い殻を押し割るのに用いられた道具で、固定した作業点が長年の使用によって窪んだものである。石皿と磨石は製粉作業に用いられた物で、石皿の凹みの中にパン状の炭化物が入ったまま見つかった新潟県岩野原《いわのはら》遺跡の例は、石皿が捏《こ》ね鉢としても使用されたことを物語る。堅果類の粉などを原料にして作ったとみられるパン状炭化物の発見例は数を増しており（岐阜県峯一合《みねいちご》、長野県曾利《そり》、同藤内《とうない》、同伴《とも》の原《はら》、同上前尾根《かみまえおね》、新潟県沖《おき》ノ原《のはら》、福島県上原《うえはら》、岩手県坊主峠《ぼうずとうげ》など、峯一合は前期、それ以外は中期）、味つけのためにエゴマまたはシソを混入したものも見られる（曾利、伴の原）。エゴマとシソは顕微鏡下でも確実に見分けることが難しい近似の植物であるが、味はまったくちがっている。韓国の伝統的な菓子にエゴマをまぶしたものがあることを思い出すならば、混ぜられたのはエゴマであろう。食べ方についても、一定の調理法があったのである。エゴマは縄文時代の主食のひとつの形であったパン状食品の味つけのため、当時どこの集落でも片隅に植えられていたのであろう。

山形県押出《おんだし》遺跡（前期）のクッキー状の炭化物には澱粉《でんぷん》を主体とするものと、動物性蛋白を主体とするものの二種類がある（図18）。表面に渦巻き文様が加えられたものもあり、味ばかりか見た目のおいしさにも気を配っていたことがわかる。これが日常的な食物ではなく、ハレの日の特別なものであるとしても、縄文の食生活が、われわれが想像しがちな、何でも口に入れられるものを食べるといった原始的なものではなかったことを物語っている。

打製石斧《せきふ》はその名称にもかかわらず、使用痕から土掘りの道具であることが確実である。石匙《いしさじ》はナイフや皮なめしなどに用いられた道具とみられるが、中期にはあまり鋭くない石材で作られた大型の石匙があり、これなどは植物質のものも対象にされたのであろう。中部地方の中期には横刃形石器と呼ばれるものがあり、植物質食料の採集に用いられたといわれ、さらに進んで農作物の収穫用具であって、縄文中期に農耕が行われた証拠だという人もいる。

縄文時代の祭器を除く実用石器の特徴は、その種類よりも、組み合わせにあるといえる。たとえば中期の西関東・中部高地における異常なまでに大量の打製石斧はその一例である。

情報としては間接的であるが、集落の立地はもっとも主要な食料資源との関係で選ばれたであろう。諏訪湖周辺（藤森栄一「中期縄文文化論」『井戸尻』、一九六五年）、赤城山麓（石坂茂「群馬県三原田遺跡」『探訪縄文の遺跡』東日本編、一九八五年）など東日本のいくつかの地域では前期から中期にかけて遺跡が丘陵地から低い台地へ移る傾向が指摘されている。台地平坦面が重要な活動の場になったのであろう。さらに後期になると遺跡は谷の中へ下り、低湿地の近くに立地する場合も多くなる。後述するように、トチの実などのアク抜きに多くの水を必要とするようになったことが、その理由のひとつとして挙げられる。

可食植物の種類

酒詰仲男は縄文時代に利用され、遺存体が検出されている植物質食料として二七種類をあげ（『日本石器時代食料総説』、一九六一年）、渡辺誠は一九七五年に三九種類をあげた（カヤ、イヌガヤ、ハイイヌガヤ、ヤマモモ、オニグルミ、ヒメグルミ、ハシバミ、ブナ、クリ、コナラ、ミズナラ、クヌギ、カシワ、アカガシ、アラカシ、イチイガシ、ツブラジイ、スダジイ、マテバシイ、カジノキ、ヤマゴボウ、ハス、シャリンバイ、サンショウ、イヌザンショウ、アカメガシワ、チャンチンモドキ、トチノキ、ノブドウ、マタタビ、ツバキ、ヒシ、アズマビシ、ウリ、マコモ、イネ、カヤツリグサ、クログワイ、ノビル。『縄文時代の植物食』）。さらに寺沢薫・寺沢知子は弥生時代遺跡出土の植物質食料の遺存体を集計したが（「弥生時代植物質食料の基礎的研究」『橿原考古学研究所紀要考古学論攷』五、一九八一年）、そのうち縄文時代のみに見られるもの三種、縄文から弥生に継続して見られるもの五〇種、縄文晩期に現れ、弥生に継続するもの一一種であるという。弥生時代になって現れるものは八五種にのぼる。寺沢の弥生時代まで含めたリストでも根茎類がほとんど現れないことは、それが非常に残りにくいものであることを示している。そのほかきのこ、海草も大いに利用されたに違いない。実際の証拠は乏しいが、北海道忍路《おしょろ》土場《どば》（後期）できのこが遺存し、加納哲哉は貝塚から出るシマハマツボを、海草に付着して集落に持ち帰られたものと推定している。

縄文時代に利用された植物食の完全なリストを作ることも大事であるが、何か重要なものがあって主食の位置を占めたのかどうかを明らかにすることは、縄文文化の本質の理解につながるであろう。

先史時代の人々にとってある植物食が重要なものになるかどうかについては、いくつかの要因がある。集め易さ、大量にあるかどうか、食べ易さ、保存し易さ、おいしさなどである。食料として大きな経済的価値を持つためには、集め易い、大量にあるということが重要である。この点堅果（ナッツ）類はこの条件にかなうものが多い。ドングリは照葉樹林でも落葉樹林でも大量に存在したであろうが、種類によっては食料にするのに大変手間がかかる。ナッツの中でもクリは条件がよい。粒が大きい（といっても当時利用されたシバグリは現在売られているクリよりずっと小さい）ため集めるのが容易であり、食べるのに手間がかからず、おいしいといった多くの長所を有する。問題はどの程度まとまった量を入手することが可能であったかであるが、これには後述するクリ林の保護の問題が関係してくる。ジネンジョ（ヤマイモ *Discorea japonica*）は掘り出しにくいが、一本が非常に大きいという利点がある。根茎類には大きいものが多いが、アク抜きに大きな手間を要するものも多く、遺存しにくいこともあり、何がどの程度利用されていたのかほとんどわかっていない。しかし処理に特別の手間を必要とせずに大量の澱粉の得られるヤマイモやユリの根が重要な食料源でなかったはずはない。

穀物となった草の種子は小さな粒であるが、一ヵ所に大量に存在する場合があるために利用価値が生じた。世界で穀物の栽培化が行われたと推定されている地域は、植生が単調な半乾燥地域が多く、もともとひとつの穀物の野生種が大きな群落を形成していたと考えられている。特定の植物の継続的な利用が栽培化につながったのである。植物種が多く、植物間の生存競争が激しい日本のような温暖湿潤地域では、自然の状態で一種類の草本が広く分布することは少ない。日本の自然条件下で人の保護なしに自生できる可能性のあるおそらく唯一の穀物はソバである。しかし日本のように自然状態の植生が森林である地域では、ソバといえどもほったらかしの状態で大きな群落を維持したとは考えにくい。

落葉広葉樹と照葉樹

縄文時代の人々は主に自然の植物を利用していたと考えられるから、自然の植生条件が重要であることはいうまでもない。もちろん縄文時代の継続期間の中に気候の変化があり、現在より冷涼な時期も温暖な時期もあったわけであるから、その植生分布をひとつの形で語ることはできない。また歩くことのない植生は気候変化より遅れて広がるから、植生は気候の変化とずれて変化した可能性がある。

現在の日本の植生、とくに平野部のそれは人為的に大きく改変されているので、ほとんど理論上で復元されるにすぎないが、それによると西日本から東海・関東に照葉樹林が、以北に落葉広葉樹林が広がるという。これにくらべるとまだ冷涼であった縄文草創期には南九州ですら落葉広葉樹の地域であったことが知られており、縄文早期から前期になってはじめて西日本に照葉樹地域が広がり、東日本は落葉広葉樹に覆われていた。関東は早期後半以降の温暖な気候下では照葉樹林帯に属した理屈であるが、実際に関東内陸部に照葉樹が入ってきたのは、冷涼化が始まったといわれる後晩期であったという（松下まり子「日本列島太平洋岸における完新世照葉樹林発達史」『第四紀研究』三一―五、一九九二年）。

琵琶湖底に没した粟津《あわづ》貝塚では、水に浸かっていたため植物遺体がよく保存されていたが、早期の層がクリの殻を主体とするのに対し、中期の層ではコナラ、トチ、クルミ、ヒシなどからなり、クリは少ない。中期の遺存体もまだカシやシイなど照葉樹林の要素の到着を示しておらず、クリが減った分、資源としては乏しくなったように見える。このように温暖化の進行は必ずしもすべての場所で豊かな環境の広がりを意味しない。

クリ林の増殖

後述するように縄文時代の遺跡は東日本の落葉広葉樹の地域に大規模なものが多い。それだけこの地域の資源が豊かであったことになる。落葉広葉樹林のドングリは量的に豊かであるが、照葉樹のそれよりアクが強くずっと利用しにくい。資源としては不利なものであったであろう。しかしこの地域にはクリという非常に有利な木の実があった。縄文時代の主な食料としては山内清男のサケマス・ドングリ論以来、ドングリがとりあげられることが多いが、東日本で貯蔵穴に蓄えられたり、住居址から多数検出された資料を見る限り、ドングリよりクリのほうがずっと多い（西日本の照葉樹林地域の湿式貯蔵穴ではドングリが貯蔵されている例が多い）。山梨県添野《そえの》遺跡（中期）の竪穴住居覆土を篩《ふるい》でふるったところ、炭化物としては、クルミがもっとも多く、ついでクリであったという（泉拓良「植物質食料」『季刊考古学』一一、一九八七年）。落葉広葉樹の明るい林は、根茎類の成育にも向いている。クリを第一として複層的な植物質食料資源が存在したことがこの地域を豊かにした原因であろう。

クリは木材としても固く、油脂に富み耐久性があり、薪としても火力が強い。事実クリ材は縄文時代にもっともよく用いられた建築用材であったし、焚火に用いられたのもクリの木が多いのである。このようにクリには特別に注目される理由がある。酒詰仲男は縄文時代におけるクリの重要性に注目し、クリ林が管理されていた可能性を考えた。同じ考え方はその後も何人かによって繰り返されたが、近年いくつかの遺跡でクリの花粉の割合が異常に高いことが指摘されている。また遺跡出土のクリの中に野生のクリには見られないような大粒のものがあることもクリ林の保護の一証拠として指摘されている。そして最近青森県三内丸山遺跡で辻誠一郎が行った花粉分析では、自然の植生に人為が加わり、やがてクリが激増する過程が明らかにされた。クリ林が人為的働きかけで増殖されていたことが証明されたのである。

クリは日当たりの良い場所を好む樹木（陽樹）であるから、他の樹木を抑えて明るい日照環境を作ってやらないと増加しない。その株は火に強いので、一定の気候条件の地域では山焼きを行うと残ったクリの株が盛んに成育し、主要な樹種になると言われる（福井勝義「焼畑農耕の普遍性と進化」『日本民俗文化大系』五、一九八三年）。

食料化の技術

植物質食料でそのまま食べられるものは少ない。穀物ですら一定時間の加熱によりベータ澱粉をアルファ澱粉に変えなければ人間には消化できない。さらに堅果類や根茎類にはタンニン酸など強い渋みをもつものがあり、それはなんらかの方法でアク抜きをしてはじめて食用になる。このような加工にとって土器は力を発揮した。実際、縄文土器は前期より前にはほとんど胴のまっすぐ立ち上がる深鉢形が大部分で、もっぱら煮沸の道具として作られたといえる。早期中葉の東日本では突き刺して立てるために極端な尖底になったが、この時期の住居内に灰床をもつ炉が多く作られたことと関係する現象で、このような炉にとんがり底を突き刺して立てるのがもっとも安定がよかったのである。かつて縄文土器の早い段階のものは尖底であると信じられていた時期があったが、より古い土器や、九州・北海道の早期の土器が知られると、けっしてそのようなことはないことがわかった。土器の形はその時代の生活にとって便利な形が自然に選ばれたのであり、縄文土器が基本的に深い鉢形であることは、小麦をパンにして窯で焼いた西アジアの初期の土器などと異なって、煮炊きが用途の中心であったことを示している。しかし縄文土器にあっても前期のころから物を盛る浅鉢《あさばち》が生まれ、さらに液体を入れる注口土器、ランプといわれる香炉形土器など煮沸以外の用途のものが分化し発達した。

渡辺誠は民俗学的調査からドングリ、トチの実などの堅果類のアク抜き技術を研究し、それを遺跡出土の遺物との関係で考えた。彼の分類によると、特別な処理をしないで食べられるのはクリ、クルミ、スダジイ、ツブラジイ、マテバシイのほかイチイガシまでで、その他のカシ類は水さらしによるアク抜きが必要である。さらに落葉樹のコナラ、ミズナラなどになると水を取り替えながら長時間煮てやる必要があり、同じ落葉樹のドングリでも、カシワ、アベマキ、クヌギなどについては、彼の調査時点でそれを食料にする技術の伝承がとだえていたほどアクが強いという。トチの実は粒が大きいため食料としての価値が高いが、そのアクは非水溶性のサポニンやアロインであり、木灰のアルカリで中和する必要がある。渡辺はこのようなアク抜き技術の発達によって食糧事情が安定し、縄文文化の繁栄がもたらされたと論じた。しかしすでに述べたように鹿児島県東黒土田遺跡の貯蔵穴内から落葉広葉樹のドングリが発見され、草創期の段階から高度なアク抜き技術が知られていたと考えざるをえなくなった。このため渡辺は土器の出現とドングリのアク抜きを結びつけて考えるようになった（「日韓におけるドングリ食と縄文土器の起源」『名

古屋大学文学部論集（史学）』三三、一九八七年）。

近年、後晩期の低湿地遺跡でトチの実などのアク抜きを行った加工場跡が発見されている。埼玉県赤山陣屋《あかやまじんや》遺跡（後晩期）では水をためるための木の枠の周囲からトチの実の殻の堆積が発見された。同じような例は山形県高瀬山《たかせやま》（晩期）、長野県栗林《くりばやし》（後期）、新潟県寺前《てらまえ》A２（後期）、岐阜県カクシクレ（晩期）でも検出されている。群馬県矢瀬《やぜ》遺跡（後晩期）では大きな石で土留めをした立派な水場の遺構が発見され、同じ群馬の茅野《ちの》遺跡（後晩期）では水場に三個の一〇〇㌕ほどもある超大型の石皿が置かれ、そこで盛んに製粉アク抜き作業が行われたことを物語る。後晩期の遺跡の低地化は、農耕との関係で解釈されたこともあるが、大量の水を必要とするアク抜き作業との関係を重視する必要がある。逆に低地に立地することの少ない中期の遺跡の場合、クリなどアク抜きの必要のない食料を主に利用していたことになるであろう。水辺で多くの木の実が処理されると貝塚の貝のようにその皮が堆積した特殊泥炭層が形成された。

　このように中期から後晩期にかけて、東日本ではクリからトチの実などのアク抜きを必要とする堅果類へ利用の中心が移ったらしいが、ここで問題になるのは、すでに述べたようにアク抜き技術自体は草創期の段階から相当に発達していたというもう一方の事実である。埼玉県宮廻《みやまわり》遺跡（前期）で貯蔵穴から一㍑のクヌギを主とするドングリが検出されたというような例もあり、前期の段階で「現在ではアク抜き技術の伝承がとだえた」ほど困難なドングリのアク抜き技術が知られていたのである。この一見矛盾する状況に対する説明は次のようになろう。

縄文人に限らず、誰でも持てる技術をいつも発揮しているわけではない。技術はそれが必要な場面に至ってはじめて発揮されるものであるから、それが発揮されなければ、その痕跡も残らず、考古学的な証拠も残らないことになり、技術自体が無かったように思われるのである。後期からトチの実の利用が普及するのは、木灰を用いて酸を中和するその技術がこの時期に完成されたためかもしれないが、それを利用せざるをえない事態がこのころからしばしば訪れたのではないだろうか。

貯蔵穴

堅果類がもつ有利性は大量に存在することと、かなりの保存が利くことである。多少の保存はどのような生活様式の民族でも行うことであり、縄文でも草創期からその証拠があるが、それを計画的に行うようになるのは、食料の周到な年間計画貯蔵として、貯蔵一般とは区別する必要がある。このような多数の大型貯蔵穴を用いる生活の設計は、秋田県杉沢台《すぎさわだい》遺跡に見るように前期の中ごろに東北地方北部で始まり、ゆっくり南に広がった（今村啓爾「土坑性格論」『論争学説日本の考古学』二、一九八八年）。

貯蔵については、高床倉庫での貯蔵も考えなければならないが、掘立柱建物のどれがそれに当たるのか見極めることは困難で、貯蔵の問題をあいまいにしている。いずれにしても、住居の屋根裏部分はもっとも乾燥し保存に好適な場所であるから、この部分が利用されなかったとは考えにくい。この部分が一杯になったときに貯蔵穴が必要になったのであろう。

貯蔵穴で保存されたものは遺存した例でみると、クリ、クルミ、トチ、ドングリなどの堅果類である。東日本の前～中期の繁栄と群集貯蔵穴の使用は密接な関係にあるが、この現象を、貯蔵穴による食料の保存が始まった結果生活が安定したと説明することはあまりに皮相的である。地下貯蔵穴の作りかたは古くから広く知られていたのであり、それを大規模に展開することはだれにでも思いつくことであったろう。問題の根本はそれだけの貯蔵を可能にする木の実が採れたかどうかにあり、再びクリ林の育成など、植生の変化と人為的な働きかけが問題になる。

木の実を保存するには水分を避け、できるだけ乾燥した状態に置くのと、逆に水に漬けてしまって、酸素の供給を遮断する方法がある。水はけのよい台地上を選び、蓋をし、内部に排水溝を備えることもある乾式の貯蔵穴は東日本に多く、西日本にもある。わざわざ湿地を選んで作る湿式貯蔵穴は次章の「繁栄と限界」の節で述べるように西日本に多く、東日本では長野県栗林遺跡などを除き、発見例は少ない。

根茎類の利用　東北地方北部における前期の円筒下層式土器をともなう遺跡の規模、土器の量の多さは、以前からこの地域の繁栄を予想させるものがあったが、近年の三内丸山遺跡の調査はそれがなみなみならぬものであることを示した。すでに述べたようにこの地域における前期の上昇は多数の貯蔵穴をともなう大集落の増加に特徴がある。クリを中心とする木の実の豊産とその貯蔵が繁栄を支えたのである。このような大貯蔵穴群は中期の前半には北関東に現れ、さらに東南関東に広がり、関東においても中期の繁栄がやはり貯蔵穴の使用と密接に結びついたものであることを示している。しかし不思議なことに、この群集貯蔵穴は西関東や中部高地には至らなかった。にもかかわらず、ここにきわめて急激な繁栄が見られるのである。

東日本の中でも中期の繁栄が著しかったと一般に認められている中部高地や西関東になぜか貯蔵穴の群集という状況が見られない。これについてのひとつの可能な説明は、貯蔵穴とは別の施設による木の実の保存である。とくに掘立柱建物はその最大の候補である。しかしこの地方にだけ存在するわけではない掘立柱建物を、この地方だけの貯蔵穴不振の現象の説明にあげることは論理の公平を欠いている。また掘立柱建物は一般に竪穴住居址より大きく、貯蔵のためにそれほど大規模な建築が必要であったとは考えにくい。

ここで注目される現象は、著しく生活が安定したにもかかわらず群集貯蔵穴がみられないこれらの地域において、打製石斧が大量に使用された（図19）という事実である。貯蔵穴と打製石斧の排他的な関係は地理的分布だけでなく時間的経過のなかでも言える。中部高地・西関東でも前期末、中期初頭、あるいは後期のようなあまり繁栄していない時期には、打製石斧の大量使用は見られず、貯蔵穴が比較的多く見られる。逆に繁栄が顕著であり、打製石斧への集中が著しい中期中葉～後葉の時期には、この地域にほとんど貯蔵穴が存在しない――少なくとも住居址一軒当

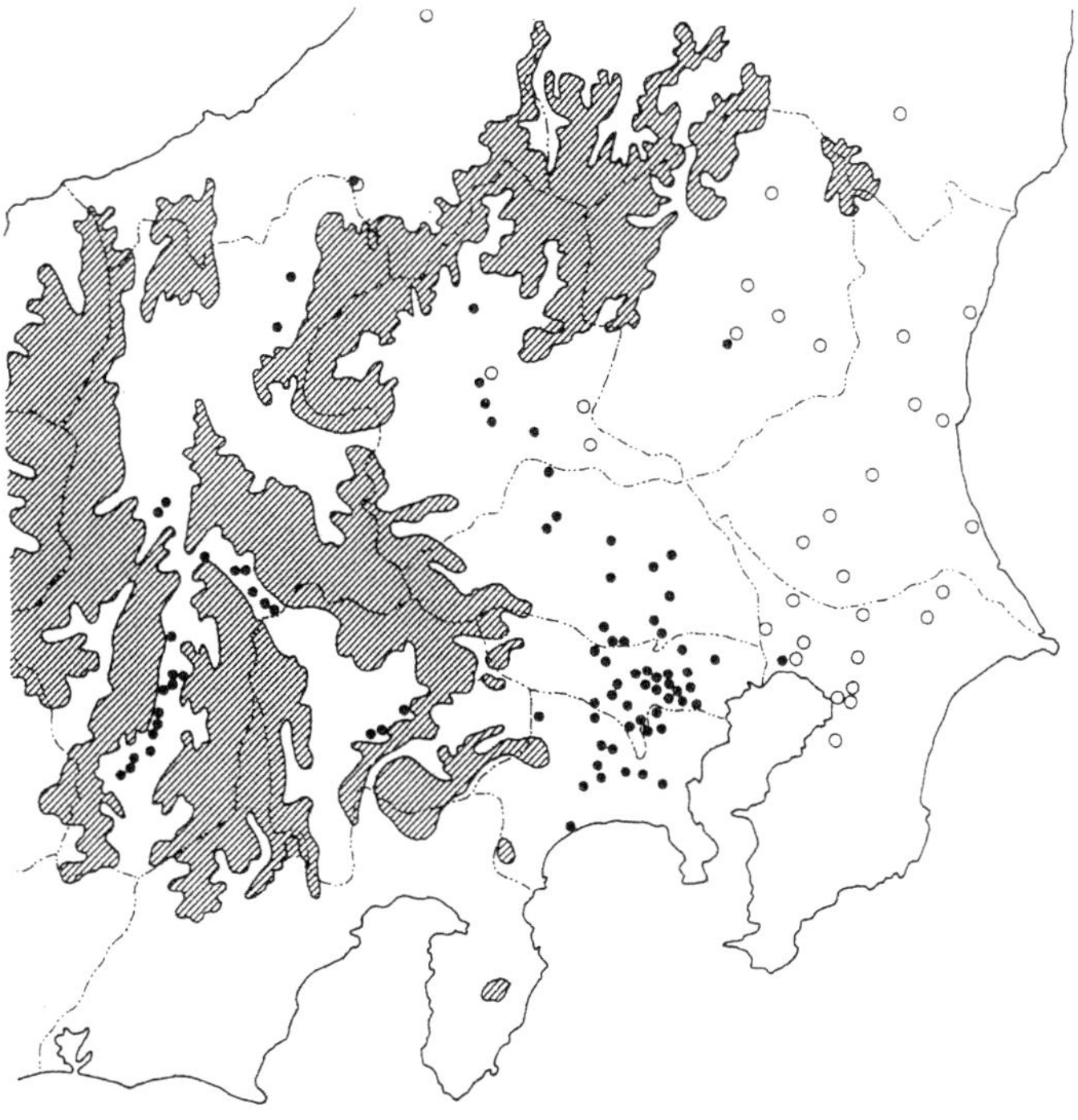

図19　打製石斧大量使用遺跡（●）と群集貯蔵穴のある遺跡（○）の分布（縄文中期中～後葉）

たりの貯蔵穴数は前後の時期にくらべて著しく少ない——のである。このような状況は、貯蔵穴による木の実の大量貯蔵という生業の設計と大量の打製石斧使用による生業が空間的にも、時間的にも排他的な関係にあったことを示している。そしてどちらの生業も縄文文化の安定に寄与したが、とくに後者は急成長の貢献をしたことになる。

打製石斧の大量使用による生業は何であろうか。打製石斧を農具と考え、縄文中期の繁栄を農耕によって説明する説は古くからあり、現在でもその主張者がいるが、肝心の穀物が見つからない。一万に近い数の住居址の調査が行われているにもかかわらずである。この状況は弥生時代の穀物遺存体発見の頻度にくらべて対照的である。現在、打製石斧の用途は根茎類の採集という説がもっとも一般的である。とくにヤマイモ（ジネンジョ）は日本原産のイモとして現在も山野に多く自生し、深く根を伸ばすそれの掘り取りには特別な用具を必要とする。ヤマイモが地下にある場合、その状態は翌年春まで続くから掘り取って保存する必要はないし、ヤマイモは保存しにくいものである。だから根茎類の採掘と貯蔵穴での保存は相反する行動になる。これによって貯蔵穴と打製石斧の排他的関係が説明できそうである（今村啓爾「群集貯蔵穴と打製石斧」『考古学と民族学』、一九八九年）。もっともヤマイモがあったから木の実が利用されなかったわけではない。ヤマイモがある分だけ木の実の利用が少なく、屋内貯蔵で間に合ったと考えるものである。しかしこの時期に根茎類の採取が盛んになり、住居址——おそらく人口も——を数十倍にふやすほどの役割を果たしたのならば、ヤマイモ自体が急激に増加していなければならない。

根茎類は一般に暗い森林の中では成育しない。ヤマイモやクズは蔓《つる》植物であるから、日当たりのよいブッシュのような植生が必要である。そのような開けた土地が広がれば、現在でも行われているように掘ったヤマイモの頭の部分だけ切りとって穴に戻してやるといった最低限の手助けによって増殖したであろう。そのような植生の変化は自然には起こらないから適当な植生が人為的に作り出されたことを想定しないと説明が難しい。この点で私は、縄文時代の人々が火入れを含む方法で自然の植生状態を改変していたという説（林謙作「縄紋人の資源管理」『月刊文化財発掘出土情報』一九九二年十月号など）に賛成したいのである。クリ林を人為的に拡大し、貝の資源を保護しながら有効に利用することを知っていた縄文人がヤマイモの保護という同じ関係に気がつかないはずはない。クリ林の人為的な拡大に加え、ヤマイモ増殖のための環境も広げていたとすれば、それは農耕にも近づいた、植物利用の半栽培の段階として認められる。

中部高地・西関東は後期にはいると中期とは対照的に衰退が著しい。これは一般には気候冷涼化の影響と説明されている。縄文後期はむしろ中期より温暖であったという安田喜憲の異論もあるが（「環日本海文化の変遷」『国立民族学博物館研究報告』九―四、一九八四年）、尾瀬沼の花粉分析でも認められているように、少なくとも中期末〜後期初頭には短期ではあるが顕著な気温低下期があった。遺跡の衰退が激しかった地域は中期に打製石斧が大量に用いられた中部高地・西関東である。ヤマイモの寒さに対する弱さはこの現象の説明に適合的である。繁栄が高度であるほどいったんバランスが崩れたときの凋落も激しい。続く後期には打製石斧の集中的な使用が西日本に広がる。このことも寒冷化の説明とよく合う。中部・関東より寒冷であったはずの東北地方でその衰退が軽微であるのは、はじめからあまり根茎類に依存していなかったこと、サケ・マスのような代替資源があったためかもしれない。

栽培と農耕

縄文時代に農耕があったという説は古くから繰り返し主張されてきた。一九二六年、神奈川県勝坂《かっさか》遺跡を発掘した大山柏はその遺跡に石鍬《いしぐわ》と考えられる打製石斧が大量にあることから農耕の存在を考えた。まだ弥生の農耕論も確立していない時期のことである。また中部高地の縄文中期遺跡の発掘調査を進めた藤森栄一は、その安定繁栄した様相は単なる狩猟採集段階ではありえず、その非狩猟的色彩、耕具とも考えられる打製石斧の大量存在などを根拠に再び中期農耕論を唱えた。

アワではないかとして農耕説の証拠として期待された長野県荒神山《こうじんやま》遺跡の粒状炭化物は、シソまたはエゴマと同定され、経済的価値が高いものではないので、期待外れに終わったが、シソ・エゴマであってもやはり人為的に栽培されていたものであろう。ただその栽培のしかたといえば、少し前までどこの家でもシソが庭の片隅に植えられ、ほとんど世話をしなくても毎年同じ場所に生えて、人は必要なときにそれを摘んで利用していたが、そのような半栽培的なものであったろう。このような形で縄文人によって利用されていたとみられる植物は、福井県鳥浜貝塚などにおいて、リョクトウ、ゴボウ、ヒョウタン、アブラナ、アサなどが縄文前期には栽培されたことが知られている。これらはいずれも経済的価値が高いとはいえず、栽培されていたことが確かであるとしても、縄文文化に大きな変革をもたらすようなものではなかった。

より大きな問題は、経済的価値を持ちうる穀物がどの程度栽培されたかである。縄文晩期後半、つまり弥生時代直前とされてきた突帯文《とったいもん》土器の時期に西日本では水田が存在したことが知られている。炭化米、米の圧痕などの資料も多い。この時期はすでに西日本で水稲耕作が開始されていたことが明らかであり、そのような重要なステップを越えた時期は、弥生時代に含めるべきという意見が強くなり、弥生「早期」として農耕の時代に編入された。その結果、この部分はもはや縄文農耕の問題ではなくなった。

しかしこれでは解決しない問題が続いた。この時期をさかのぼって、コメ・ムギが存在した証拠が出されたのである。遺跡名は次章であげるが、コメは縄文後期末には西日本に広く存在したらしく、岡山県では中期に、青森県でも後期に存在したという情報がある。最近三内丸山遺跡で中期のオオムギが検出されたという新聞報道もある。岡山県で縄文中期までさかのぼって稲が存在したという可能性は、稲が弥生時代を特徴づける栽培植物であるだけに、非常に問題が大きい。しかしこの情報が確かなら、むしろ事態を明確にしているようにみえる。稲が存在したという岡山県の縄文中期はどうひいき目にみても繁栄していたとはいえない。これに対して東日本の縄文中期の著しい繁栄の中に稲の存在を認めることはできないのである。数千トンにのぼるであろう土器資料の中にコメの圧痕はひとつも報告されていない。したがって稲が存在するか否かは縄文の繁栄とはまったく関係がないことになり、稲を含む植物の栽培の存在だけでは歴史を変える力にならなかったことが明らかになったといえる。ここに単なる栽培と農耕を区別する手がかりがありそうだ。

　縄文のコメ・ムギの検出よりも前から縄文農耕の穀物として想定されていたのは、アワ・ヒエ・ソバである。アワは北海道後期の臼尻《うすじり》遺跡、青森県後期の風張《かざはり》遺跡で検出されたという。しかし後述する炭素・窒素同位体の分析によって、アワ・ヒエが縄文時代に多く食用にされていた可能性は否定された。これらの穀物はＣ４植物といって独特の同位体組成をもつので、人間がこれを多く摂取すると、骨の同位体組成に影響するのである。残念ながらコメ・ムギ・ソバは多くの野生植物と同じＣ３植物なので、この分析法によっていつから大量に食用にされたのかを知ることはできない。

　ソバは寒冷地、荒れ地でも育つ強靭な成長力をもつ植物で、人間がほとんど世話をしなくても収穫があがる。この点でソバの栽培は従来の生活体系に大きな影響を与えずに可能である点に特別な意味がある。ソバの実が検出されたという北海道前期のハマナスノ遺跡例を別にすると、その花粉が晩期の遺跡から検出される例が増えており、その栽培が主張されている。しかし今のところソバについてもあの特徴的な実の圧痕が土器の表面に発見されたことがない。この点は縄文人の身近にソバの実があったことを疑わせるもので、注意すべき点であろう。縄文のソバについては、一様に移入された栽培植物という観点から論じられているが、その花粉が遺跡ではない青森県八甲田山の九〇〇〇年前の地層からも検出されている（辻誠一郎ほか「北八甲田山における更新世末期以降の火山灰層序と植生変遷」『第四紀研究』二二－四、一九八三年）ので、古くから日本に自生した可能性がある。

縄文文化の展開と文化の水準

繁栄と限界

縄文時代の始まりから早期への展開は前章の「縄文時代の始まり」の節で扱った。続く前期に入ると縄文文化はいっそうの安定を見せるが、それは従来、関東から中部地方に分布する諸磯《もろいそ》式土器の分布圏を中心に議論されることが多かった。数十棟の竪穴住居址が環状に分布する横浜市南堀の集落遺跡、土器の器形分化、長野県阿久《あきゅう》遺跡の大規模な環状配石などがその証拠として数えられていた。もうひとつのあまり注目されていなかった中心は、北海道南部から東北地方北部の円筒下層式土器の分布圏である。

前期から中期へ

私は学生時代に縄文中期初頭の土器編年を研究し、関東の中期最初頭に五領ヶ台《ごりょうがだい》I式という新型式の設定を提唱した。そしてこの型式の成り立ちを検討すると、前期末までさかのぼって、東北地方、それも東北北部の円筒下層式の影響が強く認められた（「五領ヶ台式土器に見られる円筒式土器の影響について」『宮の原貝塚』、一九七二年)。関東のような遠方にまで影響を及ぼすのであるから、相当な文化的高揚があったのであろう。実際、青森県石神《いしがみ》遺跡における膨大な量の土器の存在、同県大平《おおひら》遺跡の大規模な集落、秋田県杉沢台遺跡における多数の大型住居を含む大集落のありかたなどはそれを裏付けるものであった。そしてもうひとつ重要な点として、大きな貯蔵穴を多数用意する安定した生活様式が前期の中ごろに円筒下層式の地域で始まり、ゆっくり南下することが指摘された。だから三内丸山遺跡の発見は、まったく意外というわけではない。

円筒下層式はその名のように単純な円筒形で、遠目には造形的な魅力に欠けるが、近づいて見るとその全面に複雑な織物のような縄文が加えられている。これは何種類もの撚り方の違う糸を撚り合わせた原体による縄文で、とくに細い棒に撚り糸を巻きつけたものを原体とする撚糸文《よりいともん》では、棒の数や撚り糸の巻きつけ方の工夫が豊富なバリエーションを生み出し、縄文技法のピークを現出した。この時代の人たちの造形のエネルギーは、土器全体の形ではなく、美しい縄文を生み出すことに向けられたのである。そしてこの地域で誕生した木目状の撚糸文は、日本海沿いに南下し、福井県にまで及び、前期末〜中期初頭の北陸の土器にも盛んに用いられた。その末流は中部高地を経て関東地方に及んだ、羽状縄文は太平洋側で好まれ、やはり関東・東海にまで及んだ。五領ヶ台Ⅰ式に見る口縁部に複雑な文様帯を圧縮し、胴部以下は装飾的な縄文で埋める文様配置は、円筒下層式と共通している(図20)。

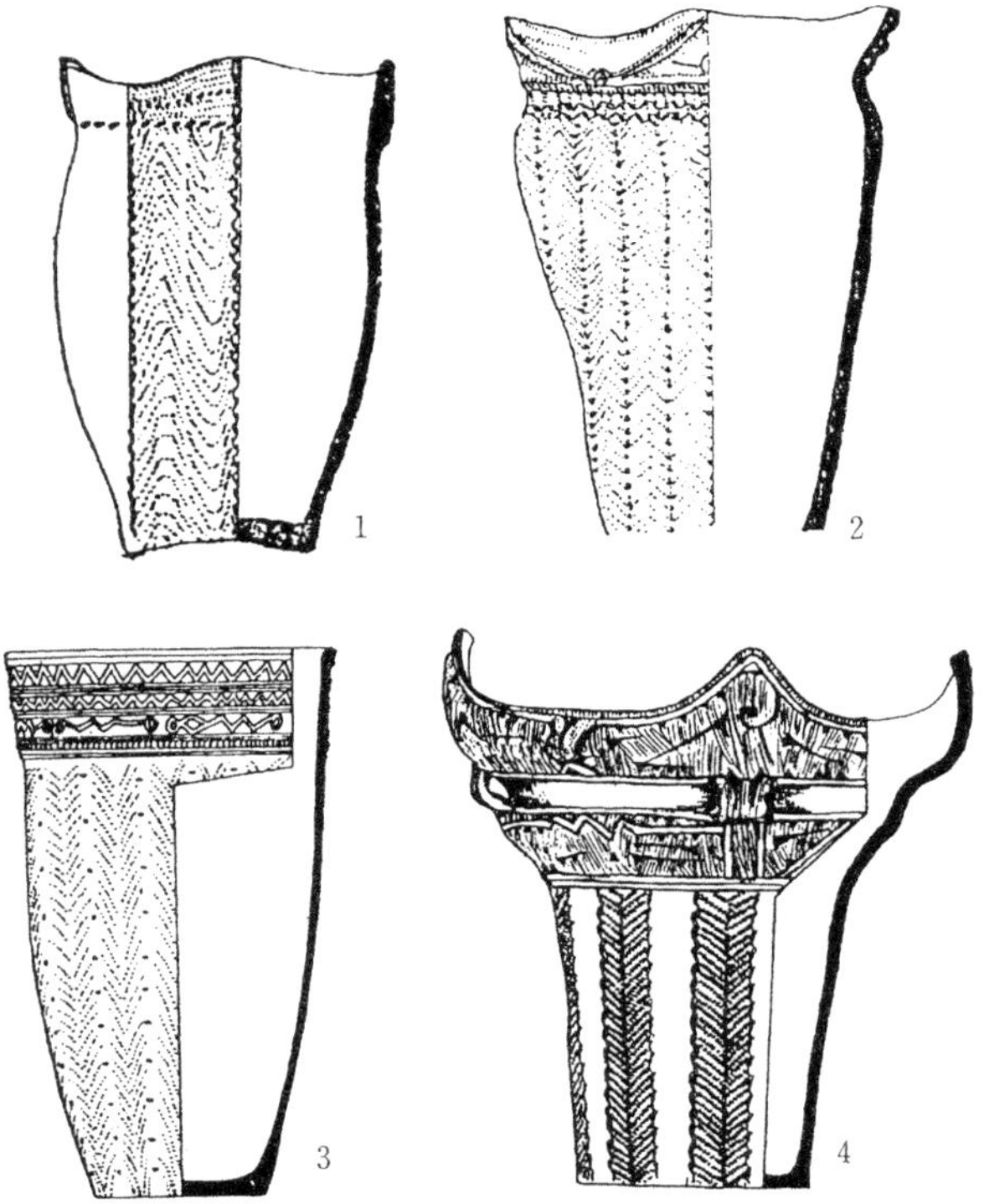

図20　円筒下層式と五領ヶ台Ⅰ式土器

1－2：縄文前期円筒下層ｄ式　青森蟹沢遺跡，3：縄文前期朝日下層式　富山県朝日貝塚，4：縄文中期五領ヶ台Ⅰ式　横浜市宮の原貝塚．1・3は木目状撚糸文を，2・4は羽状縄文を使用している．

円筒下層式土器の地域ではまた十字形などの板状をした土偶が作られ、中部日本にさきがけて、早期以来とだえていた土偶の復活が見られる。

円筒下層式の繁栄はそのまま順調に中期に続く。同じ円筒形であるが、口縁部が四つの山形をなして開くものが多い円筒上層式に移行することは、この地域の文化が連続的に中期に継続発展することをよく物語るものであり、衰退期をはさむ中部日本ともっとも異なる点である。

関東や中部高地の前期中ごろ諸磯式土器の時期にも遺跡数の増加、比較的規模の大きい集落の出現など生活の安定を示す現象が明確であることを述べた。これが中期の繁栄につながると単純に考える人が多いがそれは誤りである。関東地方では、前期末の諸磯c式と十三菩提式《じゅうさんぼだいしき》土器の時期に著しい凋落《ちょうらく》の時期があり、遺跡数は減り、その規模も非常に小さくなり、竪穴住居をもつ遺跡は極端に少なくなる。関東の中期の繁栄はこの衰退の時期を過ぎてからの際立った急上昇としてなし遂げられたのである。

中部高地でも前期前半は上昇の過程であるが、前期末には大きな集落が知られておらず、関東と同様衰退の傾向が見られるが、関東ほど極端なものではない。中期に入ってからの上昇は関東同様に著しい。

中期の繁栄

東日本の縄文中期において縄文文化の繁栄は頂点に達する。その地域は中部・関東・東北・北海道南部に及ぶ。

繁栄ぶりは数においてもっとも明瞭である。統計的資料が比較的整っている西関東や中部高地で発掘された竪穴住居址の数を土器型式ごとに数えてグラフにすると（図21）、中期後半に著しいピークが出現する。その高さは前期末の数十倍に及ぶ。住居址数をそのまま人口に比例するとみなすことはできないが、大変な人口増があったことは確実である。中期は放射性炭素年代の測定値の平均で七、八百年間という長さが与えられ、縄文時代全体の長さの一〇分の一に満たないにもかかわらず、この中期にこれまで中部・関東で発掘された縄文時代全住居址の約七〇％が属し、全住居址の五〇％が中期の後半に属するのである。

集落の規模を見ても、拡大は著しい。一〇〇軒を超える住居址が環状に分布する集落址が大規模な発掘によって幾つも発掘されている。群馬県三原田《みはらだ》遺跡は中期の中葉から後期の初頭に至る集落で、三四一の竪穴住居址が環状にめぐっている。中央の空間からは約四〇〇〇の土坑が検出された。千葉県子和清水《こわしみず》貝塚は中期の中葉から後半に至る集落であるが、環状に並ぶ二六〇余りの竪穴住居址があり、その内側にやはり環状に広がる一〇〇〇以上の土坑が発掘された。土坑の多くは貯蔵穴とみられる断面フラスコ形のものであるが、中央近くにはそれより浅い墓坑が集まっている。

もちろんそのように多くの住居は同時に存在したものではなく、長い間に建て替えられた結果の累積として残されたものであることは、そのような集落を構成する住居址にともなう土器が連

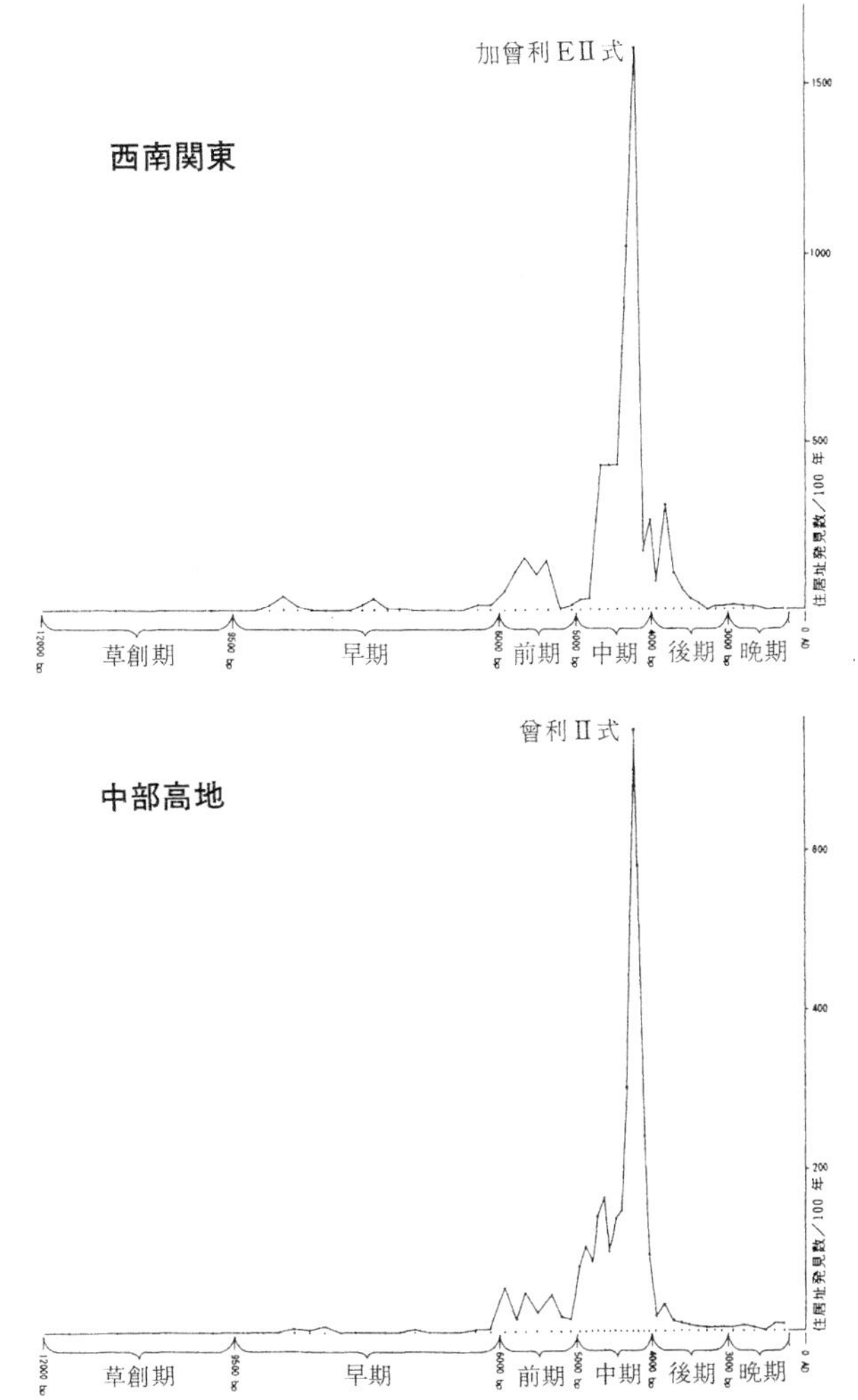

図21　縄文時代における竪穴住居址数の変化
土器型式ごとに発掘された数を数え，100年あたりの戸数に換算したグラフ．

図22　岩手県西田遺跡の集落の構造（縄文中期）

続する数型式に及んでいることからも、それらの住居址がしばしば重なりあっていることからもわかるのであるが、多数の住居が同じ場所で長い期間建て替えられ続けられたという事実が何よりも生活の安定度を物語っている。

岩手県西田遺跡（中期中葉）は全掘されていないが、中央の墓坑群、その回りの掘立柱建物群、その回りの竪穴住居址群と貯蔵穴群という同心円状の配置が明瞭に見られる（図22）。環状集落がその集団の計画的な営みによって生まれたことがわかる。

青森県三内丸山遺跡（前期〜中期、中期が中心）の全貌を知ることはまだ難しいが、住居址は大型のものを含めて（小型が多い）五〇〇軒を大きく上回ることは確実で、巨木の掘立柱、二列に平行する墓坑群などその規模の大きさは全国的な注目を集めている。

住居の数や集落の大きさ以外に生活の安定ぶりを思わせるものに、土器の文様の発達、土偶や石棒など精神的な意味を持つ道具の発達があげられる。中期、とくに中部高地から西関東に分布する勝坂式土器と周辺の型式は、器形の変化が著しく、文様が発達し、芸術としての縄文土器の頂点に立つものと認められている。晩期の亀ヶ岡式土器にくらべると工芸としての精巧さにおいて及ばないが、その立体的に盛り上がる力強い装飾は原始芸術の名にふさわしい。その特徴を一言で言うなら、実用性を無視した装飾の過剰性であろう。他型式のものも含めてさまざまな文様を併用するため器形と文様の変化が豊富過ぎて型式学的把握の難しい型式であるが、次の中期後半には長野県中南部を中心に唐草文系土器、甲府盆地を中心に曾利式土器、関東西部を中心に地方色のある加曾利E式が分布し、土器の分布圏が小さく分かれる傾向が見られる。安定した生活が移動の必要を小さくし、大集落の密な分布は日常的な長距離移動をさまたげたであろう。隣接型式間の土器の交渉は盛んであっても、遠方からの移入土器、たとえば近畿・東海系の土器の比率が激減するのもこの時期の特徴である。

土偶の製作も盛んで、とくに勝坂式の分布圏で多く作られた。大きなものは高さ三〇チセン近くになり、立てることのできる立体像もある。また八〇〇点以上出土している山梨県釈迦堂遺跡など著しく多くの土偶を有する遺跡が出現する。そのほか石棒などの宗教的な遺物が増え、衣食住が安定しただけでなく、精神的な活動も盛んになったことが知られる。

生業的基盤　東北地方で前期から中期に至る上昇は多数の貯蔵穴をともなう大集落の増加に特徴があることはすでに述べた。クリを中心とする木の実の豊産と貯蔵がこの繁栄を支えたのである。そしてそのクリは人工的に増殖されたクリ林から得られた。

関東地方の前期にも貯蔵穴が見られるが、それは大きさにおいても数においても東北地方に及ばない。再び中期の前半に北関東に現れる貯蔵穴は密集する大型のもので、東北地方から南下してきたようにみえる。豊富な木の実の収穫が関東にも及んだのだ。ところがその貯蔵穴の大量使用は、なぜか南関東の西部や中部高地には及ばない。にもかかわらず文化の高揚はこの地域でさらに著しく、急激である。そしてこの貯蔵穴の大量使用が及ばなかった地域には圧倒的な量の打製石斧という土掘り具が用いられ、根茎類の増殖が行われたという仮説はすでに紹介した。

このように縄文時代最大の繁栄をもたらしたのはクリ林の管理と人為的拡大であり、それに根茎類の人為的増殖が加わったとみられる。狩猟は不振であったが海岸での貝の資源管理はうまく行っていた。この自然の人為的改変の成功による生活の安定と人口の拡大がそのまま続けば、それは世界に例のない森林資源を基盤とする文明の形成につながったかもしれない。しかし生活の安定は長くは続かなかった。中部高地・西関東は後期にはいると中期とは対照的に衰退が著しい。これは一般に気候冷涼化の影響と説明されている。この衰退がもっとも激しかったのは中期に打製石斧が大量に用いられた地域に相当する。繁栄が高度であったほど凋落も激しい。植物の自律的な変化をうまくコントロールした食料の獲得も、自然自体の根本的変化には対応できなかったのであろう。

磨消縄文土器の広がり

中部高地の中期末の衰退は激しく壊滅的であり（図21）、そのあとしばらくは小さい遺跡が少数知られるにすぎない。そしてそのような遺跡では、北関東から侵入した土器型式（加曾利EⅣ式）が主体を占めるようになる。中部高地はこの地の土器伝統の維持が困難なほどに衰退したのである。続いて西関東も衰退が顕著になるが、今度は西日本（伊勢湾岸～瀬戸内海地域）に後期初頭に成立した中津《なかつ》式が関東地方にまで分布を広げる。この土器は整った磨消《すりけし》縄文の手法を特徴とするが、この技法自体は中期の後半に東日本で生み出されたものであるから、東日本の影響を受けて西日本で生まれた中津式が東日本に逆戻りしたことになる。関東では、西から入った中津式の系統と加曾利E式の系統を引く土器が共存することになる。

このような中期末、後期初頭の激しい土器型式の動きが人間自体の動きを示すのか、土器作りの影響だけが伝播したのか評価は難しいが、横浜市緑区松風台三号、稲ヶ原四号住居址のような中津式初頭（称名寺式最古段階に相当）の土器を主体とし関東の土器が従となるものが存在することは、少なくとも一定数の人間の移動があったことを物語っている。ただそれらの住居が関東の伝統である柄鏡《えかがみ》形であることに注意すべきで、在地集団との融和を思わせる。その出発点は、ともなう粗製土器から中津式本来の分布圏の東端、伊勢湾周辺と考えられ、中津式が瀬戸内海地域で命名された型式だからといって、そこから拡大したわけではない。

もっとも中津式は逆方向に北九州にも影響を及ぼすので、類似性の強い土器が北九州から関東にまで分布するようになる。この広域分布はさまざまな情報が伝達されやすい状況が生まれたことを象徴的に示すのであろう。

土器型式の動きが鈍く、分布圏が小さく分かれるのが中期の最高揚期の傾向であったが、それをすぎて少しすると土器型式の分布はこのように再び激しく動き、広域分布の傾向を見せる。以後各地域の型式間の類似の程度は強弱の振幅を繰り返すが、大きくみて後期中葉までは一定の類似性を持つ土器が関東から九州まで分布した。胴部が一度すぼまったのち下半部で再びふくらむ鉢形土器とその土器に加えられた二つの文様帯がもっともよく共通性を示す。また別の器形と文様に注目するなら、関東の土器と東北・北海道の土器との類似性も指摘され、この類似性は後期中葉加曾利B式の時期にとくに著しいものになり、関東から北海道東北端まで同一型式といってよいほど類似した土器が分布した。磨消縄文という特徴でくるなら北海道から九州までがまとまったことになる。

一般に西日本の縄文文化は東日本に比較してふるわないものとみられているが、そのなかにあって、すでに述べた草創期・早期とともに、後期の中・南九州は相当な高揚を見せている。この高揚の原因に数えるべき現象に、上記磨消縄文土器の広い分布を通しての東日本からの文化要素の伝播が渡辺誠らによって指摘されている。打製石斧を多く使う食料の獲得であり、浅鉢《あさばち》・注《ちゅう》口《こう》土器など土器の形も豊かになる。従来西日本には乏しかった土偶・石棒などの祭器もこの時期に東日本からの影響で普及した。

東西二つの中心

話を再び関東にもどすと、中期末〜後期初頭に中部高地や西関東で遺跡が衰退した後も、東関東では顕著な衰退はなく、ほぼ同じ遺跡数が維持されている。ところがこの地域のこの時期の貝塚の数だけを見ると、中期と後期では約三倍に増えている。このことから東関東における生活の維持に関して水産資源が大きな支えになったことが認められる。海水準の研究でもこのころに小さな海進があったことが指摘されている（図5）。

しかし、このようにしてかろうじて生活の安定を維持した東関東も、後期の後葉、晩期と時間が進むにつれて遺跡が少なくなっていき、晩期の後半には少なくとも遺跡の数でみるかぎり縄文

図23　東北地方の亀ヶ岡式土器（上）と九州の黒色磨研土器（下）（縄文晩期）

草創期に近いレベルまで落ち込む。

このように後期における中部・関東の衰退につれて、縄文文化の繁栄する地域は東北地方と九州の二つに分かれた状態になる。両者は文化的にも対照的で、東北地方を中心とする東日本は狩猟・漁撈の活発化が見られ、植物利用のしかたも高度化して何とか道を開いていった。九州を中心とする西日本では植物質食料に対する依存が増大し、打製石斧が多く用いられ、遺跡の数も急増し、かつて中部日本で起こった中期の繁栄をゆるやかに再現する過程のように見える。土器においても東北地方が複雑な文様で器面を埋めつくすのに対し、西日本ではしだいに文様が少なく、単純化し、黒色に磨研した器壁の美しさを強調するようになる（図23）。

後期の前半に広がった磨消縄文によって象徴される広い範囲での土器の類似性が後期後葉には大きく東西に分離したのであり、その状態はさらに晩期へと続く。

東北日本

縄文晩期になると東日本における繁栄の中心は東北地方に移る。とくに東北地方北部を中心とした地域で亀ヶ岡式土器の文化が繁栄した。この文化が繁栄したとみなされる根拠は、工芸技術の発達や宗教的な遺物の増加など主に質的な面にある。この点で人口増を生活安定の基本的メルクマールとする立場からは多少疑問が残ることは否めない。東日本の他の地域が衰退するなかでこの地域が安定を保てた理由は十分はっきりしないが、生業が多角的になったことはまちがいない。石鏃や獣骨の出土量から狩猟が盛んであったことが知られるし、三陸海岸や福島県海岸部のように銛《もり》の発達と量の増加は外海における大型魚を対象とする漁撈の発展を物語っている。

すでに述べたように、近年、東日本各地でトチの実の大量アク抜き処理を行った遺構の発見が相次いでいる。縄文後期に東日本の遺跡が低い場所に移動する傾向があるのは、大量の水を必要とするトチの実の処理が大きな時間を占める活動になったことと関連するのであろう。もっとも集落は従来通りの高台に営み、トチの実の処理だけ低地で行われることもあった。青森県是川《これかわ》遺跡（晩期）などトチの実の殻を大量に含む泥炭層遺跡の存在は古くから知られている。山形県高瀬山では湧水の周りに石を敷き、周りを木材で囲った水場遺構からトチの実が出ている。

骨が残りにくく重要性の評価が難しいサケ・マスであるが、調査の精度が上がるにしたがって北海道・東北地方での出土例が増えている。北海道の続縄文文化・擦文《さつもん》文化におけるサケの大量消費はすでに証明された。問題は、それがどこまでさかのぼり、どこまで南下するかである。この地域が関東のような晩期の衰退をまぬがれたのは、基本的に生業の多角化によるものとみられるが、冷涼な気候がサケの遡上量の増大という富をもたらした可能性も考えてみたい。

この地域の後晩期の文化の大きな特徴は、土器、漆器などにみる工芸的技術の発達と実用的な意味のありそうもない祭器類の増加である。土器の器種分化は、普通の弥生土器のそれを上回り、その表面を埋めつくす煩雑な文様とともに、土器の使い方にさえ呪術が影響したという坪井清足の説がある。従来から存在した土偶・岩偶に加えて、土版・岩版、石棒と類似性もある石冠類などが現れ、石棒からは石剣、石刀と呼ばれる断面が扁平なヴァリエーションが生み出される。しかしこの時期にまったく新たに出現した道具はなく、多くはそれ以前にあった道具の工芸的洗練、多様化、大量化としてとらえられるものである。後晩期になっても縄文文化の基本的方向は変化せず、旧来の技術・イデオロギーに沿った方向で文化要素の多様化と累積が進行したことを意味するが、同時に、悪化する環境の中で生じる社会的矛盾を抑えるために、社会的な規範や宗教活動が強まっていったことを示すのかもしれない。

東北地方後期に多い環状列石、北海道の周堤墓、北陸から北関東の晩期に分布する巨大木柱列などの大規模建造物は、むしろ亀ヶ岡式以前や別の地域に知られている。

西日本

西日本の土器は縄文後期の後葉に縄文を失い文様も単純となる。晩期にはいると口縁に沿って数本の沈線がめぐる以外に文様が少なく、土器の美しさはとくに浅鉢において黒く磨き上げた器面によって表現されるため、黒色磨研土器と呼ばれることもある。この文様の乏しさは西日本の弥生土器の先駆けをなすように見えるかもしれないが、器形と文様帯の位置は後期前半以来の伝統的なものであり、無文化という表面的変化にもかかわらず、基本的構造は変わっていない。また打

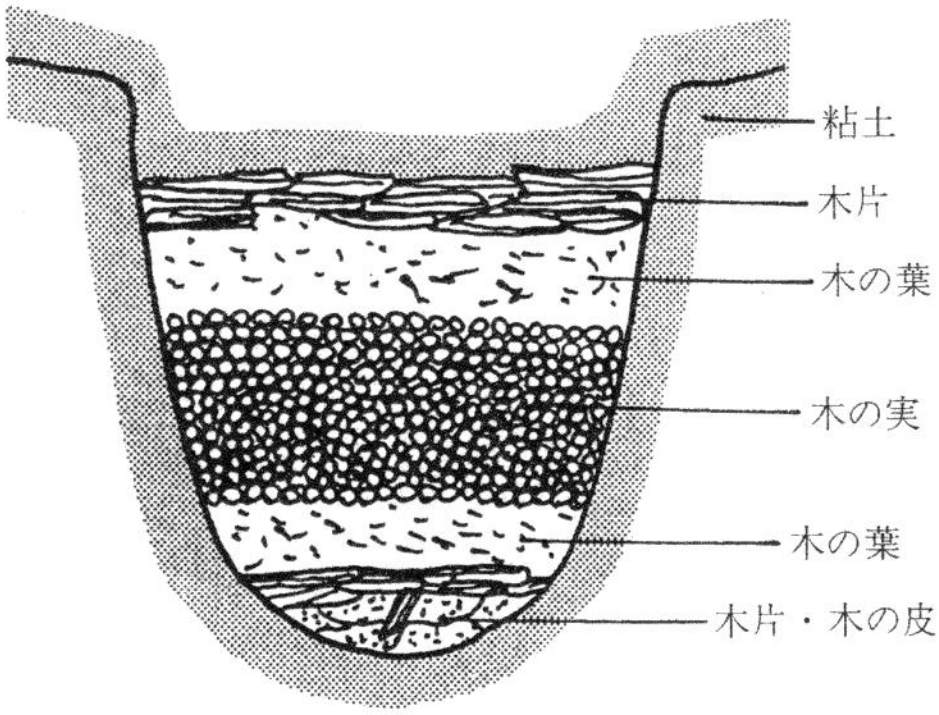

図24　湿式貯蔵穴の構造　佐賀県坂の下遺跡（縄文中期）

製石斧の広がり、土偶、石棒など、東日本からの広がりで理解できる遺物が多いのに対し、大陸からの影響は後述するように北九州から大きく出ていない。

西日本に特徴的な遺構に、湿地に作られたドングリの貯蔵穴がある。はじめ岡山県前池遺跡（晩期）で発見され、近畿地方以西に多数発見されているもので、縄文前期以来弥生後期まで作られ、非常に強い伝統を保持した施設である。意識的に水の流通するような湿地に作られ、ドングリ、トチの実、シイの実、クルミなどを保存するもので、湿地に立地するせいもあってか、貯蔵した木の実が残っている場合が多い（図24）。

わざわざ湿地に作る理由として、トチの実、ドングリなどの水さらしによるアク抜きを目的としたと説明される場合が多いが、トチの実は水さらしだけでアク抜きはできないし、逆にシイの実やクルミなどアク抜きの必要がない木の実も貯蔵されていることがあるので矛盾する。私はこのように水漬けにする理由を、酸素を絶って強制休眠状態におき翌春の食料欠乏時からさらに数年、数十年に及ぶ備荒用の長期保存を図ったためと考えてきた（「土坑性格論」『論争学説日本の考古学』二、一九八八年）。その保存力の強さは佐賀県坂の下遺跡で発掘されたアラカシのドングリが発掘後研究室で発芽したことからもわかる。クリやシイなど美味な木の実の貯蔵が少ないこと（備荒用にするのはもったいない）、保存されたものがそのまま残されている例が異常に多いこともこれを裏付ける。最近、立原進によって紹介された対馬の「樫《かし》ぼの」は江戸時代のドングリ湿式貯蔵穴で、文献からアク抜きの目的はなく、二、三年以上の貯蔵に用いられていたことが知られる（「近世堅果類の貯蔵施設」『樫ぼの』遺構について」『人間・遺跡・遺物　わが考古学論集』二、一九九二年）。アク抜き説と短期生貯蔵説は否定され、私の長期貯蔵説が残ったといえよう。そのような目的があればこそ、縄文から弥生へと生業が大きく変わっても同じものが作り続けられたのであろう。収穫に不安がある農耕生活に切り替えるにあたってこのような貯蔵食料の存在は彼らに大きな安心感を与えたことであろう。

後晩期農耕論

後期後葉から晩期にかけて九州中・南部の火山灰台地に宮崎県平畑《ひらばた》遺跡のような大規模な集落が出現し、そこでは熊本県天城《あまぎ》遺跡のように大量の打製石斧が使用されたものがある。これを農具と考え、農耕の始まりを推定する人がいるのは中部日本の中期の場合と同様である。焼畑あるいはある種の畑作が想定されている。この九州後晩期農耕論が重みをもつのは、東日本の中期の場合と違って、わずかではあるが穀物の遺存体が検出されていることである。晩期前半の熊本県上ノ原遺跡では米二粒とオオムギ一粒が、晩期前半の大分県大石遺跡では米が検出されている。最近では九州から出て、岡山県福田《ふくだ》貝塚の後期末の土器表面に籾《もみ》跡が検出されたという。さらに岡山県南溝手《みなみみぞて》の後期末の土器に圧痕、後期中頃の土器胎土中にプラントオパール（イネ科植物の葉に含まれる珪酸質の物体で、植物ごとに固有の形がある）とさかのぼり、ついに岡山県姫笹原《ひめささはら》の中期土器中にプラントオパールが検出されたという。米の古さは縄文後晩期の農耕を唱えた人たちでさえ予想しなかった古さにさかのぼるらしい。

中・南九州の後期遺跡の増加はこのような穀物の農耕によるかのごとくである。しかし農耕による生産増加があったのなら、同じ地域が晩期にはいってから衰退する理由を説明することが難しい。

西北九州のリアス式海岸の地域も三陸海岸などと同様、外海漁撈の盛んな地域であった。この地域独特の結合式の釣針も発達し、それが韓国南岸上老大島《サンノデト》貝塚にもたらされている。逆に韓国の型式の結合釣針が熊本県大矢《おおや》遺跡で発見されている。石鋸《いしのこ》と呼ばれる、組み合わせ式の銛《もり》先の刃も韓国南岸と北九州に分布しており（図25）、朝鮮海峡を隔てた両側のリアス式海岸の漁民の間には、少なくとも縄文前期以来交渉があったことは確かである。このような交渉によって後期、あるいは早くも中期に米やオオムギがもたらされたらしいが、それがすぐには縄文文化を大きく変える力にはならなかった。そもそも韓国南岸でも縄文晩期に相当する時代より前には発達した農耕は存在しなかったのである。

西日本では一般に宗教的な建造物や道具が東日本のように発達しなかったが、社会的な規制がなかったわけではない。むしろそれが非常に強かったことを示すものに抜歯《ばっし》がある。抜歯自体は縄文前期から単純なものが始まったらしいが、西日本の晩期には複雑な抜歯風習が確立し、成人、結婚、肉親の死など人生の節目ごとに一定のきまりで歯が抜かれていった。

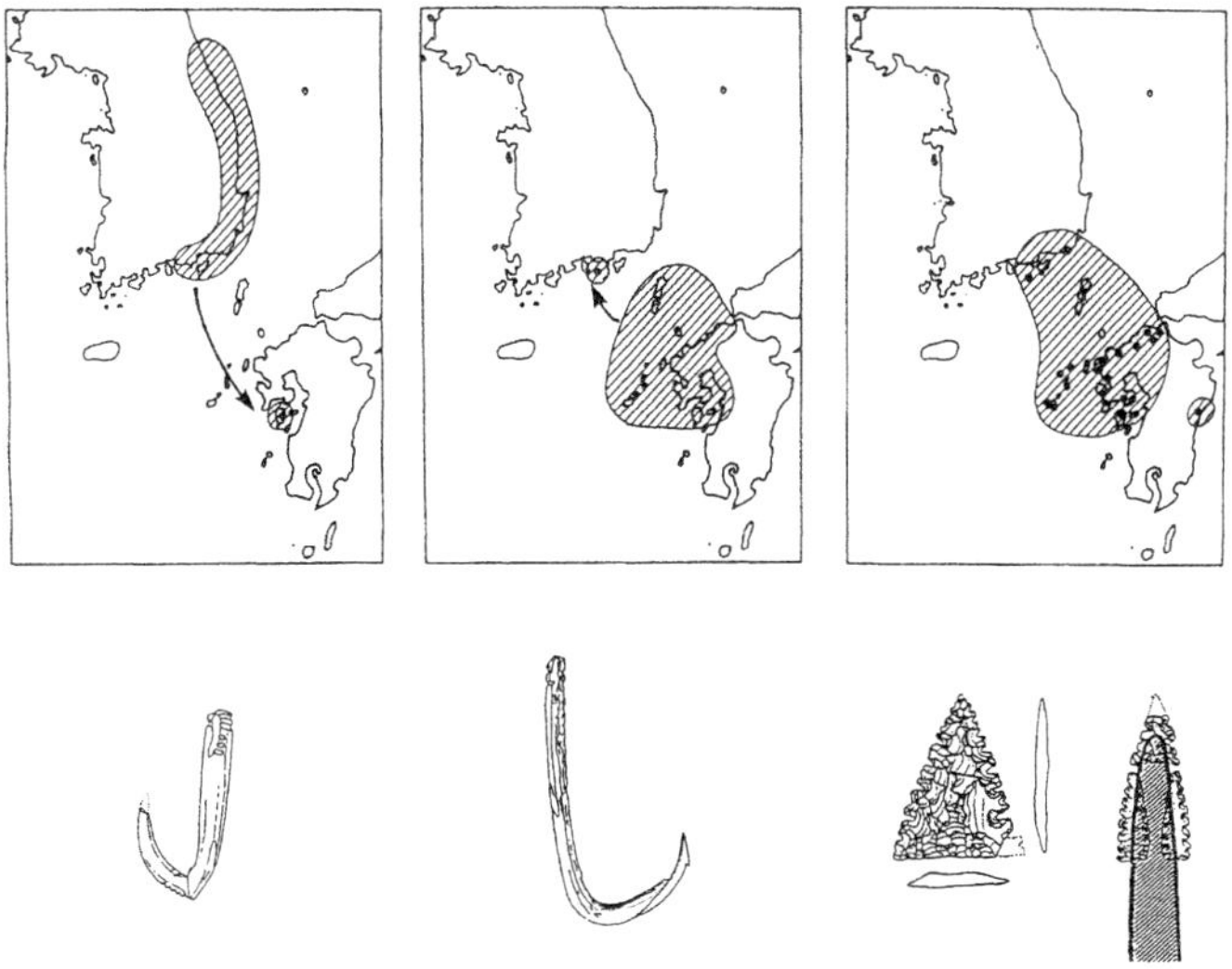

図25　九州と韓国に分布する漁撈具
左：オサンリ型結合釣針，中：西北九州型結合釣針，右：石鋸(組合せ式の石銛)

森林性新石器文化

前の章での「狩猟と漁撈」と「植物質食料の採集と栽培」の二節で縄文の生業についてひと通りみた後、本章の前節で前期から晩期に至る文化の変化を概観し、それと合わせてその背景にある生業についてみてきた。次に各生業間の関係について考えたい。

狩猟・漁撈・採集の関係

縄文時代の食料事情については対照的な二つのとらえ方がある。その特徴を多種多様な食料資源の網羅的利用に求める小林達雄の意見（『縄文人の世界』、一九九六年）と、縄文の食料にはいくつかの飛び抜けて重要な役割を担った主食と言うべきものがあり、それはサケ・マスとドングリだという山内清男の意見である。どちらが正しいかという前に、縄文時代の食性の大きな傾向について、時代的にどのように移り変わったか見てみたい。

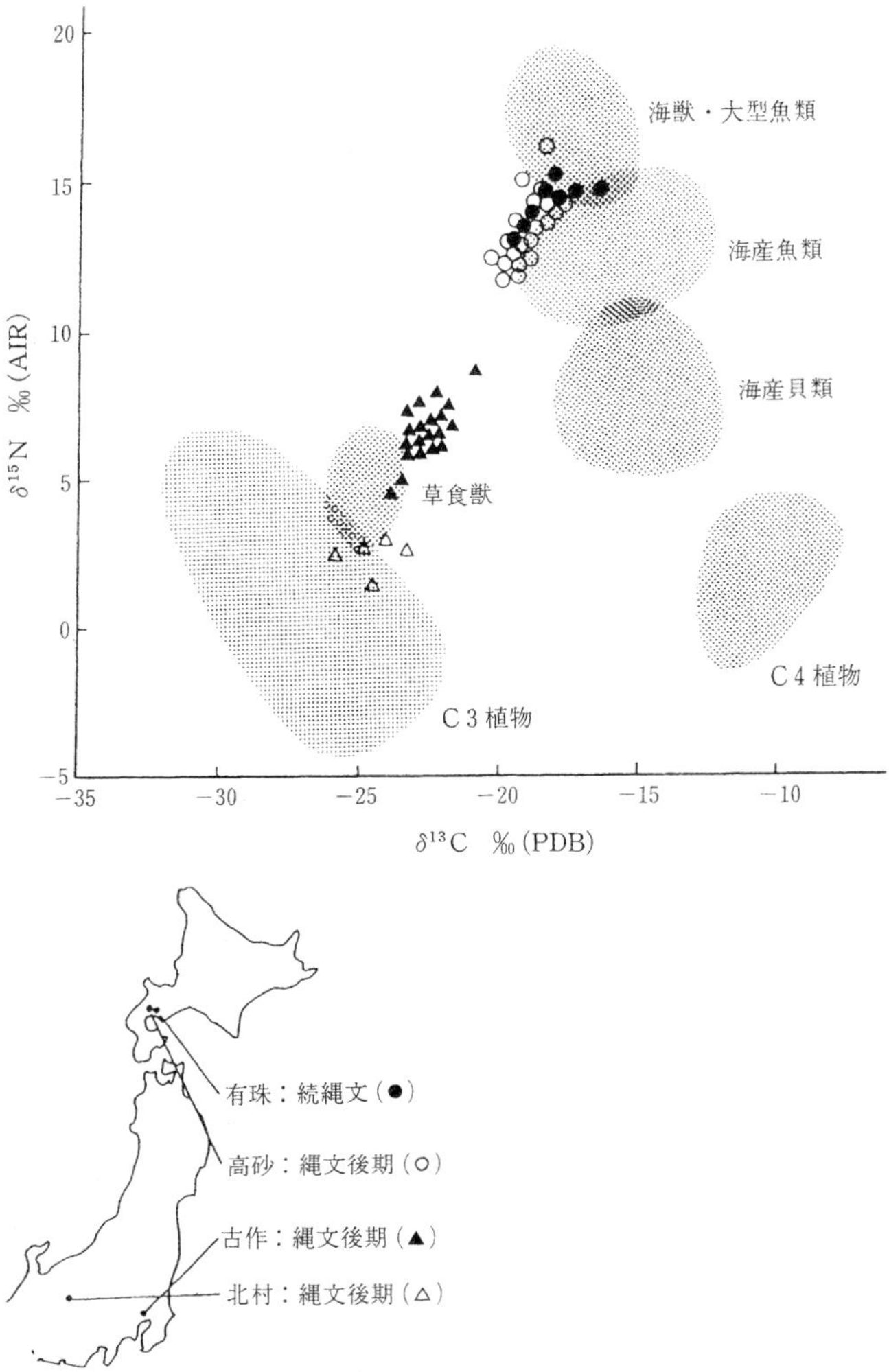

図26　酸素と窒素の安定同位体による食性分析

狩猟・漁撈・植物質食料の比率という大きな傾向をみるうえで、近年南川雅男らによって開発された酸素と窒素の同位体を用いた食性分析（図26）は、人骨があればそれを資料として大まかな比率が数字として推定できる（わかるのは蛋白質源でありカロリー源ではない）。これまで食料の残滓《ざんし》や石器の組成など性質の異なる情報をつなぎ合わせて論じられてきたこの分野にとって画期的といえる。現在までに出されたデータは人骨が残る沿海地域の貝塚遺跡に集中しているが、北へいくほど大型魚の漁撈と海棲獣狩猟の比率が高まり植物質食料の比率が低くなる点や、関東の海岸集落では植物・陸獣・魚類のバランスのよい食性があった点など興味深い分析結果を出している。しかしまだ縄文時代全体を見渡すにはデータが不十分であるし、その結果は従来の方法からの推定とよく一致しているので、ここでは上記の結果を念頭におきながら、従来のような石器や食料遺残のありかたを見る方法で、縄文の食料の中心が何であったかを時代を追いながら見ていくことにしたい。

前章の最初の節「縄文時代の始まり」でみた縄文経済の確立過程、本章前節で見た前期以後の高揚と中期の繁栄、繰り返した衰退を通観して、縄文時代の繁栄の時期の基礎にあったのが植物食だったことが見てとれる。

狩猟の比重

次に狩猟を見よう。縄文時代の生業の中で狩猟が占めた重要性は、時間の経過とともに大きく変化したが、同じ時代の同じ地方の遺跡でも石鏃《せきぞく》の多い遺跡と少ない遺跡が混在するから、狩猟活動の頻度には時間と地域以外の要素も関係している。晩期の非常に石鏃の多い遺跡には狩猟専業集団を想定することができるかもしれない。ひとつ確かなことは、山間部の遺跡や背後に広い山地を控える遺跡では石鏃の出土量が多い傾向があることで、海岸近くまで山が迫った半島でもその傾向がある。そのような山地が狩猟の場あるいは狩猟対象獣の供給源になっていたからであろう。

時間的にみると、草創期に狩猟が重要であったことは、狩猟用石器の多さ、漁撈具の欠如（石槍、石鏃も漁撈に用いられた可能性を考える必要があるが）、対植物質食料石器の少なさから確実といえる。新潟県小瀬《こせ》が沢洞穴《さわどうけつ》のような草創期の山間部遺跡では驚くべき大量の狩猟用石器の遺存が見られる。

これと対照的なのが東日本中期遺跡における狩猟用石器の比重の低さであり、藤森栄一をして「狩猟文化と信じられてきたこの地域（中部高地）の中期文化がいっこうに狩猟文化らしくない」（『井戸尻』、一九六五年）と言わしめた。この時期には陥穴《おとしあな》もほとんど作られていなかった。縄文前期から中期にわたる大集落、三内丸山遺跡では縄文時代に一般的なシカ・イノシシの骨が少なく、主にムササビやノウサギが狩られている（西本豊弘ほか「三内丸山遺跡出土の動物遺体の概要」『三内丸山遺跡』VI、一九九五年）。この大集落の周辺ではシカ・イノシシがほとんど狩りつくされてしまったのだろう。植物質食料の豊かさによって生活が安定した中期の場合、狩猟活動の比重が低下したことは明白である。

関東地方や中部地方に限定してみると、狩猟活動のもうひとつのピークは晩期にある。石鏃の多さ、いくつかの遺跡における獣骨の多さも際立っている。晩期における狩猟の盛行は、道具の種類や形には直接反映されない、集団猟の組織化・専業化や技術の巧妙化といった狩猟法のソフト面の発達によって説明できるかもしれない。しかし関東において草創期、晩期が著しく人口の少ない時期であり、中期が著しく人口の多い時期であることを思い出すと、狩猟は人口の少ない時期に相対的に重要性が高く、人口の多い時期には相対的に重要性が低下したという法則性を見出すことができないであろうか。前期末に人口が激減したときにも狩猟と外海漁撈が活発化したことはあとで述べる。

その法則性の原因として次のような説明ができる。縄文の繁栄を支えたのは基本的に植物食であり、その多少が人口を変化させる最大の要因であった。植物質食料の減少は人口を減らし、同時に狩猟への依存度を高めた。逆に植物食の豊かさによって人口が増加した時期は、狩猟が必要でなくなったというわけではないが、動物にとって人間という最大の天敵が増加したわけであり、人間一人当たりの狩猟獣の数が減ったことになる。これによって生業全体の中での狩猟活動の比重は小さくなり、各遺跡の石器組成に占める石鏃の比率が低くなった。

漁撈の役割

次に漁撈の役割について見てみよう。漁撈について単純な議論が許されないのは、なんといっても植物食、狩猟以上に、可能な地域・可能な漁撈の形が地理的限定を受けることである。遺跡地の選択自体が漁撈の重要性・漁撈技術と密接な関係をもっていたはずである。漁撈のタイプは大きく二つに分けられる。波の静かな小さな入江における漁撈と外海での漁撈である。小さな入江は周囲に平坦な台地面が分布することが多く、海の資源と陸の資源をともに利用することが可能である。大貝塚がひしめく千葉市周辺の立地をみると、多くの場合当時の海から至近距離でなく、貝類が採集された場所からも離れている。一見海の資源を第一にした立地のようであるが、実は陸の植物食を重視した立地であり、入江での資源は補助的なものであったといわなければならない。これに対して、早期の夏島貝塚、野島貝塚、あるいは横須賀市室《むろ》の木《き》遺跡など前期十三菩提式《じゅうさんぼだいしき》期の多くの遺跡に見られる外海に面した立地などは、周囲に平坦面が少なく、植物食の開発に不適であり、漁撈第一の選地である。もちろんこの場合、漁撈を主目的とする季節的居住地のような、一年のうちの一定期間だけ利用した場所という可能性も考えられる。

貝塚の形成と人間の存在について考えるとき、基本的に二つの理解の方向がある。海産資源が豊かであったから、人が暮らすことができ、貝塚が形成されたという見方と、人が海のそばで暮らしていたから、海産物も利用し、貝塚が形成されたという見方である。同じように見えるかもしれないが、第一の理解では現象の出発点は海産資源であり、第二の理解では出発点はなんらかの食料資源の豊かさであり、海産資源は付随的なものとなる。第一の状況では、海の近く以外には大きな集落が形成されにくく、第二の状況では、沿海、内陸に関係なく同じように大集落が営まれたであろう。

東京南の郊外の前期中葉の遺跡の規模を比較した小薬一夫は、縄文海進期に海に近く立地した遺跡に大規模なものが多いことを指摘した（「縄文前期集落の構造」『法政考古学』一〇、一九八五年）。海がなければ安定集落が不可能であったということはない。しかし一定地域内では海の資源の近くのほうが安定した生活が可能で大きな集落が営まれることが多かったのである。第一の状況にほぼ相当する。

次に、関東地方でもっとも大規模な遺跡の数が増加する中期の状況を見てみよう。この時期には千葉県、茨城県の海岸部に大貝塚が多く形成される。しかし同様の大集落は内陸部にも数多く分布するから、海産資源は当時の人々が安定した生活を営むための不可欠の条件であったようには見えない。第二の状況に近い。ところが関東地方全体としての遺跡数が減少していく後期にはいると、遺跡は東関東の海岸部に濃く分布する傾向を示し、さらに減少傾向が強まる後期中葉にはいっそう海岸への集中度が高まる。この動きは、全体として食料事情の悪化する時期には漁撈なしでの生活が困難になったこと、第一の状況に近づいたことを示しているようにみえる。そして、晩期後半になると、遺跡数が激減するとともに、かつて大貝塚が形成されたのと同じ場所に位置する遺跡でもほとんど貝層を残すことがなく、生業の中心は狩猟に移ってゆき、千葉県山武《さんぶ》姥山《うばやま》貝塚のように骨塚とさえ呼ばれるような獣骨を主体とする遺跡が形成された。沖積作用の進行によって入江が埋積され、冷涼化にともなう海面の低下もあって海産資源の獲得しにくい環境が広がったことが推定され、その結果人間の生活が非常に困難になり、狩猟だけが残された手段であったことを示すのであろう。以上の経過は縄文人の生業の中で漁撈が果たした役割を暗示している。

このように資源が枯渇し、生業活動のありかたの変更を迫られる厳しい状況は、中期から晩期といった長くゆっくりした過程で起きたばかりでなく、短時間で急激に起こることもあったことを本章の最後に「縄文文化の水準」の節でとりあげる。

生業の地方差

最後に生業の地方差について考えたい。北海道は縄文時代の植生からいって、クルミはあるが、クリは少なく、食料化が容易な種類のドングリも、ユリ根以外の根茎類も少なかった。必然的に狩猟・漁撈が重要になったであろうことは炭素窒素同位体分析の結果も裏づけるところである。東北地方の後晩期の狩猟の活発化は生活の衰退にともなっていない。むしろ、植物質食料に加えて、狩猟・漁撈との結びつきが安定した生活をもたらしていたらしい。サケ・マスの存在も大きかったのであろう。ここでは続縄文に続くことになる、高度な狩猟漁撈を中心とする文化が形成されつつあった。そのつながりを明確に示すのが、先述した燕型離頭銛から恵山型離頭銛へのつながりであり、土器の変化も連続的である。続縄文文化の問題は、ただ稲作が伝播できなかったというネガティヴな要素だけでみるべきではなく、その高度な狩猟採集漁撈生活の完成の過程に注目する必要がある。

資源の複層構造

縄文時代の食料について、何がどれだけ利用されたかという結果だけでなく、他に何が利用可能であったかという潜在的可能性にも注意する必要がある。

木の実の場合、食料資源の豊かなときにはクリやクルミなど美味で手間のかからないものを食べたが、それが不足するときアク抜き技術を発揮してドングリ、トチノミを食料にするというように、何重かの安全装置があったことを先に論じた。もっともこれは縄文時代人に限られるものではない。渡辺誠によるドングリのアク抜き法の民俗学的聞き取り調査では、戦時中に食料が不足したときにそれを人から聞いたり思い出して試してみたという例が多く含まれている。木の実の種類の問題だけでなく、適当な植物食の不足する時代には漁撈、狩猟への依存を高める生活形態への変更があり、居住地もそれに応じて変わった。もちろん植物食の豊かな時期にあっても美味な魚、獣肉を求めて、狩猟漁撈が行われたに違いないが、食料の基本的部分は安全で手軽に入手できる木の実や根茎類にたよったであろう。

このように縄文人は狩猟・漁撈・植物食の利用をうまく兼ね合わせた。この点では小林達雄の強調する食料資源の網羅的利用といえよう。しかしこと繁栄した時期に限ると、植物食への依存が大きく、それが主食としての役目を果たしたことはまちがいない。そして重要なことに、もっとも優れたナッツをもたらすクリ林が人為的に増殖され、さらに各種有用な植物も栽培された。このように縄文文化の植物質食料利用は森林の資源をうまく利用することから、さらにそれを人為的に増やしていく段階に達していた。

開始の時期ははっきりしないが、クリ林の育成は三内丸山遺跡の繁栄ぶりからもわかるように非常に有効な経済的資源となり、東日本の中期の繁栄を支えた。また仮説的ではあるが、縄文中期には根茎類とくにヤマイモの増殖を促す自然環境の人為的改変が行われた可能性が高い。

クリ林の拡大が縄文の繁栄をもたらした重要な原因と認められる以上、縄文時代は社会的な意味をもつ食料生産の段階にはいっていたとしなければならない。しかしこの食料生産方法の歴史的評価には次に述べるようないくつかの問題が残る。

新石器時代の定義

「縄文時代の古さ」の節ですでに言及したが、新石器時代の本来の定義は磨製石器の存在であった。ところが考古学の研究が進むと、磨製石器の時代には農耕牧畜という食料生産が行われたことが明らかになり、人類の歴史にとって食料の生産は文明発達の基盤となる極めて重要な発展であることが認識された。そこで新石器時代の特徴としては農耕牧畜が第一の要素として認められるようになり、磨製石器の使用は二義的なことになった。そのほか新石器文化に普通ともなう要素として、土器や紡織技術があり、時代が進むと農耕という経済的基盤によって大規模な集落が出現し、女神像《じょしんぞう》や神殿といった宗教的な遺物、遺構も残されるようになり文明や国家の形成へ向かう。

ところで最初の農耕牧畜は、中近東で完新世の初頭に開始され東西に伝播していったと考えられているが、この伝播には時間がかかったし、とくに冷涼な北欧では、その開始は大きく遅れた。そこに完新世でありながら農耕牧畜を開始していない部分が存在することになる。このような部分は中石器時代と呼ばれるようになった。中近東でも旧石器と新石器の中間の食料生産活動が模索されている段階を中石器時代と呼ぶことがある。新石器時代の特徴をあくまで最初の定義に従って石器の磨製技術だとする考え、土器の出現を重視する用法もあるため「新石器時代」はさまざまな意味で用いられるが、現実には欧米では農耕牧畜という食料生産経済をその第一のメルクマールにしている。

このヨーロッパで考案された旧石器・中石器・新石器の区分法は、先史時代の基本的区分としてその後世界各地の先史文化にも適用された。アジアでも中国のように早く農耕文化が生まれた地域ではこの区分がわりあいうまくあてはまる。しかし日本のような辺境地域ではうまくいかない。日本では農耕以前の縄文時代に土器があり、土器と農耕の順序は中近東とまったく異なる。農耕が本格的に始まる弥生時代には同時に青銅器のみならず鉄器もはいってきてしまうから、農耕をもって新石器時代の特徴とするなら、日本には新石器時代も青銅器時代もなく、いきなり鉄器時代に入ってしまうのだ。

森林性新石器時代

ところで縄文時代はこの区分法においてどこに位置づけられるのだろうか。縄文時代は独自の特徴をもった文化であって、無理に中石器や新石器に含めることはできないという意見は基本的に正しい。次章の「アジアの中の縄文文化」でみるように独自の歩みをたどった文化には固有の名称こそふさわしい。しかし、どれに該当する要素を持ち、どれに該当しないかを吟味することが、縄文時代の本質をとらえ、その世界史における位置付けをはっきりさせることにつながることもまちがいない。

縄文文化は土器、磨製石器、大規模な集落、土偶などさまざまな宗教的遺物をもつ点で新石器時代の特徴を多く備えている。しかしこれまで考えられてきたように、縄文が狩猟採集の時代であるならば、そこには農耕牧畜という新石器時代のもっとも重要な要素を欠くことになる。いくら二次的な要素を多くもつとしても、もっとも重要な要素を欠くならば、新石器時代には含められない。完新世に入っても農耕牧畜を開始しなかった文化として中石器時代に含まれるべきであろう。

しかしながら今日縄文時代にもクリ林の増殖という方法で食料生産を行っていたことが明らかになった。クリ林の増殖が農耕と言えるかという問題は残るが、食料生産が行われていた以上、もはや縄文時代を新石器時代から外す理由はなくなった。ただその食料生産の対象が、穀物という一年生の草本でなく、樹木を中心とするものであった点に大きな特色がある。日本はその自然条件ゆえに穀物ではなく樹木の実りを生産の対象とする、西アジアや中国、インダスの農耕とは別の形の新石器文化へ歩みを進めたのだ。

次に問われるのがその開始の時点である。縄文時代に食料生産が行われた証拠があるからといって、すぐにその開始時点までさかのぼって新石器時代だというのは論理の飛躍である。縄文時代の始まりは土器の出現によって定義されたのだから。

縄文早期の滋賀県粟津貝塚ではクリの実が野生のものより大きいことが注意されており、人間が保護した可能性があるという。前期の富山県小泉遺跡では非常に高い比率のクリの花粉が検出されており、クリ林の保護育成が行われたことはまちがいないという（安田喜憲「花粉分析」『小泉遺跡』、一九八二年）。しかし年々新たな栽培を繰り返す穀物の栽培と違って、樹木への働きかけは遺跡遺物にはっきり見える急激な変化を生み出さなかったかもしれない。しかも縄文文化は九州の草創期の段階、関東の早期の段階から豊かな植物質食料による安定した生活を営んでいたから、クリ林増殖開始の時点を見極めることも、そこから来る文化の変化を認めることも難しいかもしれない。

そしてまたクリ林の拡大に大きな手間がかかったとは思われず、クリの収穫は野生のクリの採集と同じように行われたであろう。だから労働の形態や社会のしくみに与えた影響も小さかったと思われる。クリは縄文人の生活を豊かにしたが、生活の形を変更することを要求することはなかったのだ。クリは縄文中期に北海道南部に広がるが、弥生の水稲耕作のように栽培地域がどんどん広がるということはなかったらしい。現在の熊本県が日本有数のクリの生産地であることが示すように、西日本はクリ栽培の適地である。しかし縄文時代に西日本で本来の植生である照葉樹林を除去し、人工的にクリ林を造成した様子はない。縄文のクリ栽培はそこまで行うことはなかった。ここに縄文の食料生産の限界があった。

そして最後に重要な点は、その安定性が長続きせず、意外に早く行きづまって、縄文後晩期になるとクリからトチの実の利用などに重心が移ったという点で、自然の制約を克服できなかったことである。普通後期の衰退の原因は気候の冷涼化で説明されているが、まだ十分証明されたとはいえない。クリにはクリタマバチなど致命的害虫があることも思い出してみる必要があろう。いずれにしても森林を変化させる自然の摂理を克服できなかった点に森林性新石器文化の限界があった。

社会と宗教

考古学と社会・思想

社会関係や思想は、それ自体が物として残り発掘されることはないし、文字のない世界では記録されることもなかったので、考古学にとってはもっとも解明の不得手な分野である。しかしそれらもまた、その維持に必要な道具を作り出したり、遺跡や遺物相互の関係として間接的な証拠を残すことがあるので、物質資料に対する意識的な分析によるこの分野への挑戦も近年盛んに行われている。どこまで目に見えない過去の人間活動に迫れるか追究する考古学の最前線といってもよい。その挑戦のいくつかは確実な成果をあげているが、縄文時代のさまざまなレベルにおける人間どうしの関係とその地域的時間的変化、つまり縄文社会全体を記述するには、まだあまりに部分的であるといわざるをえない。ここでは本書の目的である縄文文化の位置づけについて考えるのに必要な、縄文文化の発達の水準を物語る比較的確実な部分に限って見ていきたい。社会と宗教という異質な分野をひとつにまとめたのは、両者が考古学にとって不得手な抽象的分野という共通性があるほか、縄文社会は儀礼や葬制という宗教的活動の痕跡を通してかろうじて推定できる場合が多いからである。

遺跡の規模

縄文時代の竪穴住居が並ぶ集落遺跡を発掘すると、そこでは必ずといってよいほど、その集落が営まれたのとは別の時期の縄文土器が少しだけ出土する。それも数型式から一〇型式ほどになることが珍しくない。このようなその遺跡にとって微少量の土器は、ほとんど注目されることがないが、主体的な集落とは別の時期に属するものである以上、別の時期に人がいた、言い換えるなら同じ場所に他の時期の小遺跡が重複して存在しているとみなさなければならない。弥生時代や古墳時代の遺跡の発掘でも、少量の縄文土器が出土することが珍しくない。このような小規模遺跡も遺跡である以上、一ヵ所として統計をとるなら、縄文時代の遺跡の九五％以上は、住居址も発見されていない土器が少し出る程度のものということになる。

このような遺跡は普通「キャンプサイト」として性格づけられることが多い。拠点集落の周りにこのような「キャンプサイト」が短期の活動の場として多数あったと考えるのである。しかし時期によっては、広い地域にわたって一見して拠点集落といえるような遺跡がほとんど見つかっておらず、せいぜい住居址数軒が発見されている遺跡を「拠点」にあてなければならないこともある。もちろん縄文時代には数百軒の住居址が発見されているような遺跡もあるが、数の上からいえばまったく例外的なもので、それもほとんど東日本の中期に属する。多くの遺跡は住居址が発掘されてもせいぜい十数軒である。しかもそれすら何度かの建て替えの結果が累積したものであるから、一時期に存在したのは、数軒と判断される場合が多い。散漫に分布する資源に対応するため、住居二、三軒という規模に分散して暮らし、同時に住居のない多くの地点を頻繁に利用したのが縄文時代本来の居住の形であった。

集落と活動の場　縄文時代が自然の生産物に依存する社会である以上、季節的に変化する食料資源に対応することが生存上不可欠である。そのための方策は、食料が豊かな時期にそれを保存するか、季節的な資源の偏りに合わせて生業地点を変えるかのどちらかになる。普通は程度の差こそあれ、その両方を兼ね合わせたものであったろう。

一般に、竪穴住居という恒久的な住居をもち、土器のように持ち運びに不便な道具を備えた集落が生活の拠点となった。貯蔵穴をともなう集落では秋に大量の木の実を貯蔵し、それによって冬から春の食料がまかなわれたから、構成員の多くがそこで周年もしくは一年の過半の生活を送ったに違いない。東北地方以北では秋に遡上《そじょう》するサケ・マスが干物・燻製《くんせい》等に加工され重要な保存食となったであろう。しかしそれとは別に住居址がなく土器破片が少し残されている程度の遺跡がはるかに多くあるのは、拠点的な集落から出向いていって季節的な活動を行った地点であろう。このような地点間の関連については渡辺仁が解明したアイヌのコタンを中心とする諸活動のありかたが参考になる（「アイヌの生態と本邦先史学の問題」『人類学雑誌』七二―一、一九六四年）。

東日本の中期など縄文文化の安定した時期の大規模な集落では、すでにみたように、住居、掘立柱建物、貯蔵穴、墓などが長期にわたって特定の位置を保ち、土器型式で数型式、年数にして数百年にわたって一定の集落の形を維持したらしい。驚くべき安定度である。この時期の大規模な集落遺跡の分布をみると、千葉県や長野県のいくつかの地域で二〜三㌔の距離を置き（堀越正行「縄文時代の集落と共同組織」『駿台史学』三一、一九七二年、および、勅使河原彰「縄文時代の社会構成」『考古学雑誌』七八―一・二、一九九二年）、東京、神奈川における面的な検討では、五㌔以上離れて位置する（谷口康浩「縄文時代集落の領域」『季刊考古学』四四、一九九三年）という。主な生業活動が隣接する集落のテリトリーを侵さない範囲内で行われたのなら、それは多くの場合、拠点集落から二〜三㌔の日帰りの往復という形で行われたことになる。拠点集落以外のキャンプ地はあまり必要がなかったかもしれない。中期の中里貝塚は、貝の採集と処理加工が集中的に行われたが、土器などの遺物をほとんど包含せず、そこに生活の匂いがしない。これも日帰り活動を示唆する。

東京の多摩ニュータウンと横浜の港北ニュータウン地域内における集計によると、この中期の全住居址の七〜八割がこのような大集落に集中して営まれていた（谷口康浩「環状集落形成論」『古代文化』五〇―四、一九九八年）。大集落によってほとんどテリトリーが分割されていたことを意味する。そうだとするならば、人々は生きていくためにいずれかの大集落に所属しなければならなかった。狭い領域内では、居住地を頻繁に移すよりも収穫物を拠点集落に持ち帰るほうが有利な行動形態となったであろう。そして集落の周囲に利用価値の高い植生が広げられたであろう。これらが拠点集落が継続する原因になった。

このようにひとことで縄文時代といっても時期によって村落のありかたは大きく変化しており、ひとつの集落観や領域観をもとうとすること自体が無理なのである。ある時代には数軒ずつの小集落に散開し、ある時代は特定の場所へ集中する傾向が強まり、集落の独立性とテリトリーの分割傾向が強まった。しかしこのような時代でも各集落の構成員が固定的であったと考える必要はない。狩猟採集民としては定住度が高いとされ、初歩的な農耕も行っていたアイヌですら、各集落の構成員が流動的に入れ替わることがあったことが明らかにされている（佐藤匡俊『アイヌと狩猟採集社会』、一九九七年）。

活動の場から集落との関係を考える材料に陥穴《おとしあな》群がある。陥穴はいろいろな時代にあるが、南西関東では早期後葉に集中的に作られたことが明らかになっており、多摩ニュータウン地域内で発掘されただけでも一万穴を超す。ところがこの地域には同じ時期の拠点集落らしいものの発見がない。竪穴住居を有する遺跡すら少なく、わずかに三遺跡合計六棟の住居址が見つかっているにすぎない。周囲一〇㌔ほどの範囲では、数軒の竪穴住居を有する集落が十数ヵ所知られているが、あまりに小さく短期で、拠点という呼び名にふさわしくない。そしてすでにみたように、これらの陥穴は動物が自然に落ちるのを待ったものとみられる。とするならば、定期的な見回りが必要であり、集落からあまり離れたところに作ったのではそれができない。またこの時期には炉穴という特殊な遺構が、住居址のある遺跡だけでなく、それがない遺跡にも広範に作られたが、これは獲物を燻製処理する施設とみられ、ここに獲物を拠点集落まで持ち帰らずに処理したことがうかがえ、陥穴と炉穴の使用がセットになり、しっかりした住居を作ることも少ない移動性の高い生活形態が浮かび上がってくる。

結局この時期の人々は、少なくともある季節、陥穴を大量に使用し、広範囲に散開するような特殊な行動形態をとっていたように見える。陥穴の分布する地域には、非常に希薄ではあるが、広大な面積に同時期の土器の散布が認められる。日帰りの活動のために土器が運ばれることはあまりないであろう。

この時代にも海岸部では横須賀市吉井《よしい》貝塚のような安定した集落の存在が知られている。陥穴を使う散開した生活とそのような安定集落が季節的に使い分けられていた可能性も考えてみたいが、その関係は今後の課題である。

縄文時代の大規模な集落と小規模な遺跡の関係については、拠点的集落、季節的活動拠点、キャンプサイトといった遺跡の役割別の固定的視点ばかりでなく、資源のありかたの時代的変化に対応して縄文人の活動形態も柔軟に変化したという視点から考えてみる必要がある。

集落の構造

すでにみたように、縄文時代の集落の多くは一ないし数軒の住居からなるものであった。数十軒の住居が発掘された遺跡の場合でも、その集落の継続の長さや住居址どうしが重なって発掘されることが多いことを考慮すると、同時に共存した住居の数はずっと少なく考えなければならないことが近年多くの人によって指摘されている。

比較的多くの集落が発掘されている関東地方の縄文前期の場合も、集落の基本は住居址一である。いくら周りを掘っても、一軒の住居しかない場合がある。縄文の住居は普通直径四〜五メートルほどである。この程度の面積の中に数家族が同居することは困難であろう。もちろん数軒の住居が集まって共同生活する場合もあった。二、三の住居の集合というのは、親子、兄弟など近親者がそれぞれに家族を営んだ結果というのが理解しやすい。共同作業のためにはできるだけ大勢で集まって住みたい。しかしこれ以上の数の住居が一ヵ所に共存することは関東の前期には稀であった。散漫に存在する自然の資源をできるだけ多人数で利用するには分散して生活する必要があったのだ。

このような居住形態をとるなら、近親者たちが周辺の集落に多数分散して存在することになる。集団としての意識は一個の集落内に収まるものではなく、周辺の集落に及び、おそらくどこまでが自分たちの仲間だという意識についても境界線のはっきりしないものであったのではないだろうか。もちろん数軒からなる各集落が個々に「村」といえるような集団単位を構成することは不可能で、一定地域にわたって共同意識をもち互いに助け合うような関係が存在したであろう。個々の住居の上位のまとまりがあったとすると、数軒からなる集落ではなくて広い地域を包括する「村」であったのかもしれない。

集落規模の小ささを強調するだけでは一方に偏りすぎる。東北地方の前期に現れて広がるある種の大型住居がある。普通の規模の住居を縦方向に延ばした形で、比較的短いものから長軸三〇メートルを超えるものまである。長軸上に二〜六基ほどの炉が並存することが多い。武藤康弘や菅谷通保は、これを長屋のような集住の施設であるとしている。大型住居址だけからなる集落が存在することは、この形の住居が集会の場といった特殊な用途のものであることを疑わせるものであるし、多くの民族誌は集住家屋説に有利である。五〜六家族ないしその数倍の一集落における共存を示すものであろう。

関東の前期の場合も稀には千葉県幸手《こうで》貝塚のように、関山式《せきやましき》土器の時期だけで一三〇軒を超える住居址が発掘され、さらにその数倍が埋存すると推定される集落もある。おそらく一時期に数十軒の住居からなる集落が長く続いて営まれた結果とみられ、特別恵まれた条件があったのであろう。埼玉県水子《みずこ》貝塚、同県打越《おっこし》遺跡など、この時期の大規模な集落は縄文海進時の海岸近くに営まれたものが多い。

一時期には数軒しかなかったとみられる小規模な集落でも、何度かの建て替えの結果、中央の空白部をとりまいて環状に住居址が分布する遺跡になることがある。そのひとつの原因は、当時の集落が舌状の台地に好んで立地し、その縁辺部に住居が営まれたことである。雨水が竪穴住居内に流入することを防ぐには多少傾斜のある場所を選び、住居のまわりに溝を掘るのが確実である。杉原荘介は千葉県加曾利貝塚など縄文中期の環状貝塚の中央にはもともと自然の窪地があったことを指摘し、その水のたまりやすい場所を避けてまわりに住居を建て直していくうちに環状に住居址が残されたと考えている（杉原荘介「加曾利南貝塚について」『加曾利南貝塚』、一九七六年）。どちらの説明も十分とはいえないかもしれないが、なんらかの自然的理由から生じた中央に空白をもつ住居配置であったが、やがてそれが集落の形についての共有された観念となり、中央広場で埋葬やそれにともなう儀式が行われると、もはや中央は住居を作ってはいけない場所として意識されるようになり、ついには集落ばかりでなくストーンサークルや周堤墓《しゅうていぼ》（環状土籬《かんじょうどり》）に反映された縄文人の円環状世界観が形成された。

関東でも縄文中期になると一〇〇軒近い、ときには数百軒の住居址を有する遺跡が少なくない。千葉県子和清水《こわしみず》貝塚の場合、中央に墓地があり、その周りを取り巻いて貯蔵穴群、さらに外側に竪穴住居という三重の構造を示している。関東ではないが、岩手県の縄文中期西田遺跡の場合、中央に墓地、その周りに掘立柱建物群、さらに外側に竪穴住居と貯蔵穴が取り巻く（図22）。このような遺構の分布は、それぞれを作る場所が長期にわたって取り決められていないとできるはずがない。東日本の中期の場合、人口の多くがこのような拠点的集落に集中したことはすでに述べた。

集落間の関係

中期に大集落が並び立つことができるようになったのは、それを支える資源、とくにクリ林の増殖など人為的に食料を豊かにすることができるようになったためである。各集落はその周囲数㌔の範囲で主要な資源を調達するのが基本であった。

しかしすべての食料がこの範囲内で得られ、領域が集落間で分割されたわけではない。千葉県の東京湾岸には中期から後期にかけての多数の馬蹄形貝塚が存在するが、その中には当時の海岸から五〜六㌔も奥になるのにかなりの規模の貝層が残されているものが珍しくない（図27）。海に出るためにはいくつも他の集落の近くを通過しなければならない。各集落が集落の周囲の資源を排他的に独占している状態ではこのようなことは許されないであろう（堀越前掲、勅使河原彰『縄文文化』、一九九八年）。すでに述べたように中期の東京都中里貝塚は海岸で貝を集中的に処理加工した場所であるが、ほとんどが大型のハマグリとカキからなり、厳格な資源の管理が行われたことを物語る。貝塚の背後の台地上には御殿前《ごてんまえ》遺跡、七社神社裏《ななしゃじんじゃうら》貝塚、動坂《どうざか》貝塚など同じ時期の集落が一〜二㌔の距離で並んでいる。近辺のすべての集落の合意がなければ実現できないことであったであろう。このような資源の保護管理は植物質食料にも、狩猟対象の動物に対しても存

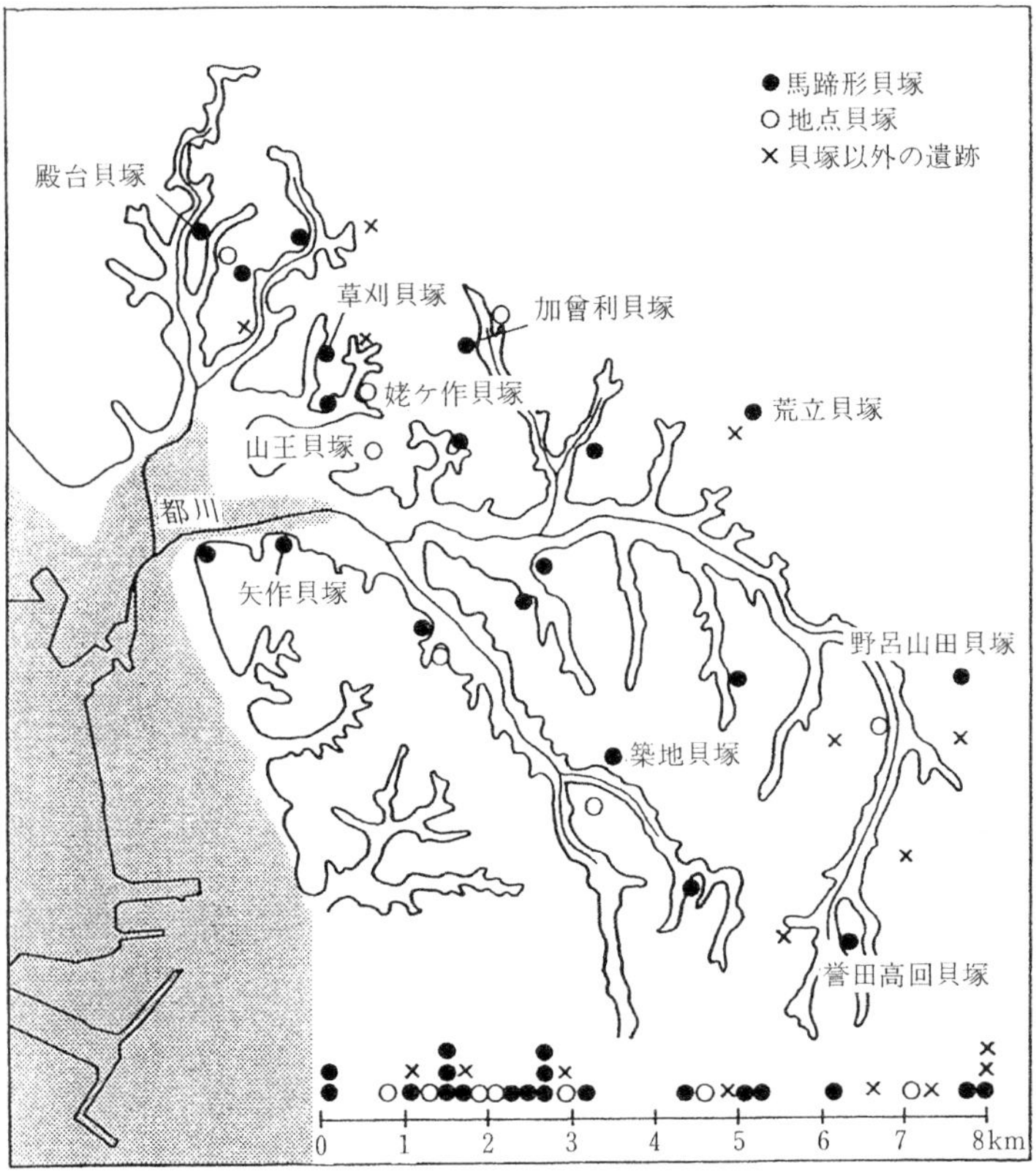

図27　千葉市都川流域の縄文後期の貝塚分布と当時の海域

在した。縄文時代の遺跡から出土するシカの骨は、生存する群にくらべると当歳獣は少なく、オスよりメスのほうが少なく（大泰司紀之「シカ」『縄文文化の研究』二、一九八三年）。資源保護の配慮が認められる。このように集落が大型化した中期の場合にもやはり以前と同じように個々の集落を越える大きなつながりが指摘される。それは自然発生的なものから、より整備されたものに変わりつつあったのかもしれない。

行動半径の広い動物を相手にする狩猟では、いっそう広い領域を必要としたに違いない。千葉県貝の花貝塚の獣骨を分析した林謙作は、そこで出土する鹿猪骨の部位に偏りがあることから、狩猟はいくつかの集落が共同で行い、その獲物は集落間で解体分配されたと推定した（「貝の花貝塚のシカ・イノシシ遺体」『北方文化研究』一三、一九八〇年）。これがいっそう顕著なのが石川県真脇遺跡で行われたイルカの追い込み漁である。海中において敏捷なイルカを入江に追い込むのは、多数の丸木舟を必要とする共同作業であったはずであるが、これを実証するように、この遺跡で出土したイルカの骨は獲物を大きく分割した部分として出ており、獲物は作業に出た集落間で分配されたことを示している（平口哲夫「縄文時代のイルカ捕獲活動」『石川考古学研究会会誌』三二、一九八九年）。このように縄文時代の大集落といえども集団の最大の単位とはいえず複数の集落の間で共同意識にもとづく利害の調整と連帯意識が存在した。

上記のような協力関係にある集落が共同で祭りを行うことは自然の勢いであろう。古今東西を問わず祭りにはできるだけ多くの人が集まらないと盛り上がらない。縄文の祭りの場のモニュメントには多くの人の共同作業で作ったとしか考えられないものがある。秋田県大湯遺跡（後期）は直径四六メートルの万座、四二メートルの野中堂の二つのストーンサークルからなる。それぞれが長さ数十センチから一メートルほどの石を数十集めた石組の集合体で、石組の下から発見される墓坑は、これが集団墓地であることを示す。山梨県金生遺跡（後晩期）の樹立した石棒をともなう大配石遺構、金沢市チカモリ遺跡（晩期）をはじめとする環状の巨大木柱列などが代表的な大規模構築物である。チカモリ遺跡の木柱列は、半截したクリの巨木を截断面を外側に向けて環状に並べたもので、柱位置の対称性から上屋の存在を推定できるが、普通の住居とは考えられない（図28）。柱の中には直径一メートルに近く、重さ一トンを超すものもあったとみられるが、その運搬には四、五十人の協力を必要としたであろう。そしてそのような建造物はどの集落にもあったわけではない。必然的にそのような設備をもつ中心的集落が主催する祭りに周辺の集落構成員が参加することになったであろう。中期以降の遺跡の中にはずば抜けて多くの土偶を有するものがある（山梨県釈迦堂遺跡八〇〇点以上、岩手県立石遺跡二一八点など）。これらもすべてではないとしても、宗教センターの役割を担った集落であるかもしれない。

　集落共同での祭りは、物資や情報の交換、配偶者探しの場にもなったであろう。そしてそれを主催し成功させた酋長の威厳は特別のものとなったであろう。

このような集落間の協力範囲も土器型式の分布圏よりずっと狭い。たとえば巨大木柱列が石川県内でも金沢市チカモリ、同市米泉、田鶴浜町大津くろだの森、能登町真脇の各遺跡で発見されているが、それらの間隔は一五〜五〇㌔である。実際にはまだ未発見のものが多数あって、共同の祭りは日帰り可能なくらいの範囲で行われたのであろう。そのような範囲よりさらに広い面積

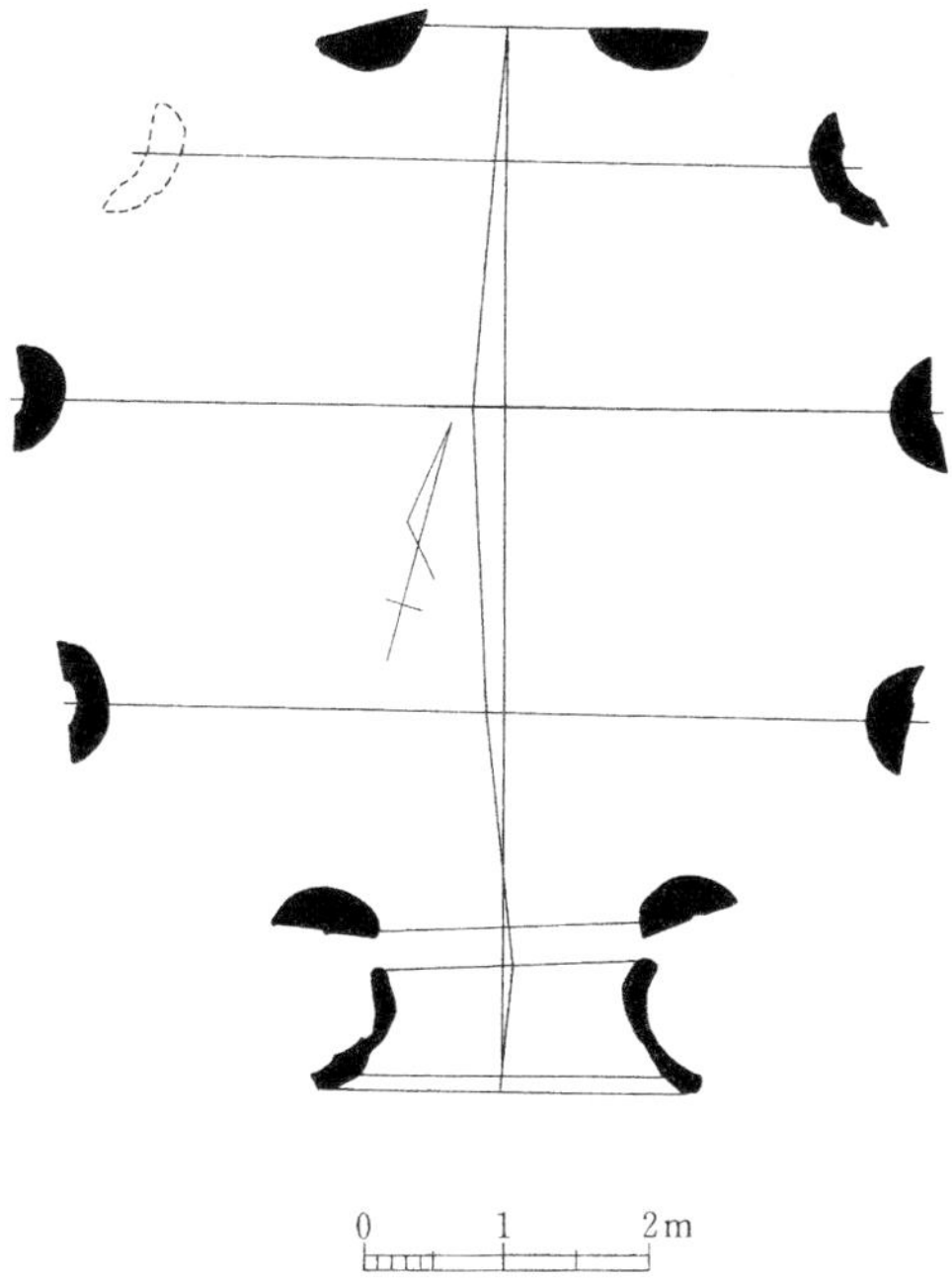

図28　石川県チカモリ遺跡の巨木環状柱列のうちのひとつ（縄文晩期）

入口構造と正確な対称性がある．

をもつ土器型式の分布圏は、少なくともその中では情報がよく流通する範囲であったことは自明で、同種の土器を使うことにより共同意識を有したと思われる。そして土器型式がしばしば隣接型式との間で影響関係をもったことを考えると、縄文の集団間の関係は非常に開放的なものであったといえる。

交易　集落間の関係で考古学資料からもっとも確実にトレースできるのが交易である。縄文時代にも必要な物資の入手のためにわざわざその地に出かけたり、自作するのでなく、交易で入手することが盛んに行われ、大きな労力の節約になった。もっとも代表的な物資が石器製作の材料となった黒曜石である。黒曜石はいわゆる酸性岩のマグマが急速に冷却してできた火山ガラスで、その産地は関東周辺では長野県霧が峰・和田峠、神奈川県箱根、伊豆神津島、栃木県高原山と限られている。北海道では白滝、九州では佐賀県腰岳、大分県姫島が代表的産地である。遺跡で出土した石器や石片がどこの黒曜石であるか、元素組成の分析によって確実に知ることができる。近年長野県鷹山の調査で大規模な採掘跡の実態が明らかにされた。大きなもので直径二〇㍍もある八〇個のすり鉢状のくぼみが分布する。山麓の集落が共同で採掘したものであろう。岡谷市の清水田遺跡では黒曜石の貯蔵跡も見つかっている。黒曜石の産地に近い伊豆七島神津島の上の山遺跡（前期）では遺跡の規模に不釣り合いの大量の剥片、石鏃があり、原石の形だけでなく、製品としても搬出されていたことがわかる。原産地から遠い集落で出土する黒曜石は多くの場合複数の産地のもので、これは各産地から始まる複数の交易ネットワークが重なりあっていたためである。

黒曜石より産地が限定されるヒスイは新潟県姫川周辺に産出し、新潟県長者ヶ原・寺地、富山県境A遺跡などで玉に加工されたのち交易ルートに乗せられ遠くは北海道にまで運ばれた。ほかに接着剤として用いられるアスファルト、骨角器の材料になる鹿角《ろっかく》なども交易された。遺物として残りにくいが、魚、獣肉などの交易も行われたであろう。

土器の移動は土器自体が目的であったのか、何かの容器として運ばれたのかわからないが、たとえば前期の諸磯式の時期には西南関東の多くの遺跡で、土器全体の一％ほどの量であるが、北白川下層式という関西系の土器が混じる。関西系といってもその一次的分布の東端は愛知県か静岡県西部にあったものであるが、土器のように大きくこわれやすいものが一〇〇㌔を超える物流のネットワークにのっている。伊豆の神津島と三宅島で発掘された前期の大量の土器はすべて本土から運ばれたものであることが胎土分析で明らかになった（今村啓爾『伊豆七島の縄文文化』、一九八〇年）。

中部・関東では中期の初頭を過ぎると遠距離運ばれた土器がほとんどみられなくなることを先に記した。興味深いことに、このころからヒスイの玉類（図29）を代表とする奢侈《しゃし》品の遠距離交易が盛んになる。その原因はもちろんこのころから北陸におけるヒスイ玉類の生産が始まることにあるが、人の移動が少なくなるのとは無関係に遠方の需要を意識した交易のための交易が計画的に行われるようになったのである。

　このような縄文時代の物資の動きは、交通手段が発達していないこの時代には遠方との交易はあまりなかったのではないかという常識的な予想を完全に覆す。それだけ集落間の交渉が盛んであったに違いない。当然、集団間、異なる土器型式を保持する地域間の関係もオープンで平和的なものであったと考えられる。縄文時代に戦いがなかったわけではない、愛媛県上黒岩《かみくろいわ》岩陰（早期）で出土した骨槍の刺さった人の腰骨、愛知県伊川津《いかわづ》貝塚の石鏃のささった人骨（晩期）もある。しかしそうしたものは弥生時代の戦争犠牲者にくらべれば少ない。近代台湾の山地民のように、狭い地域に言語のまったく異なる種族が並存し、互いに首狩りを繰り返して緊張的対立を続けた状況と比較するなら、縄文社会のオープンな関係は、けっして縄文に固有というわけではな

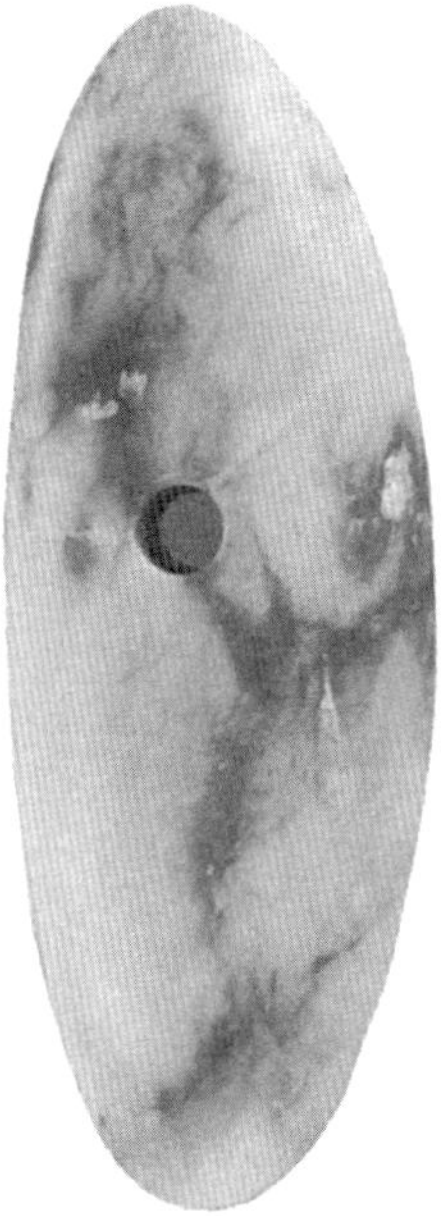

図29　ヒスイ製大珠
山梨県三光遺跡（縄文中期）

いものの、縄文社会の重要な特徴のひとつに数えておかなければならない。あとでとり上げる水稲耕作技術の急速な伝播の背景には、このような縄文社会の開放的な関係と物資・情報を運ぶネットワークが存在したのである。

分業

このような交易と不可分なのが集落ごとの分業の問題である。固有の産物を作った集落がある。黒曜石の採掘、ヒスイの玉の加工に携わった集落はすでに紹介したが、磨製石斧の材料として適当な凝灰岩に恵まれた神奈川県尾崎《おざき》遺跡（中期）では磨製石斧の粗割から、細部加工、研磨に至る種々の段階の製品が大量に出土している。富山県の境《さかい》A遺跡（中〜後期）ではヒスイの玉類だけでなく、蛇紋岩の磨製石斧を大量に生産した。発掘された未製品は三五〇〇本にのぼる。中部・関東にまで及ぶ広い需要がこの大規模生産を支えたのである。

図30　群馬県千網谷戸遺跡の土製耳飾（縄文晩期）

晩期の群馬県千網谷戸《ちあみがいと》は縄文工芸の白眉といってもよい精巧な土製耳飾（図30）の大量

出土で知られ、製作の際の粘土塊や粘土の削り屑も出土している。その製品とみられるものが、群馬県矢瀬、東京都下布田《しもふだ》など各地の遺跡で知られている。このようなものは、その集落の中でも特定の技能者だけが作りえたものであろう。

土器によって海水を煮詰める製塩は、霞ヶ浦沿岸で後期末から晩期前半に行われ、おくれて仙台湾沿岸でも晩期後半に行われた（近藤義郎『日本土器製塩の研究』、一九九四年）。塩は獣肉を大量に摂取するイヌイットなどを除けば人間の必需品であり、グルメ傾向の強い縄文人には不可欠の品であったろう。塩は適当な設備で海水を乾燥させればできるものであるから、製塩土器の有無は塩の製造の有無とはまったく対応しないが、大量の土器と薪木を消費してまで集約的な製造が要求されたところに、需要の高まりが認められる。

親族組織

親族組織の基本は結婚と親子の関係である。たとえば結婚に際し妻方に夫が婚入することがルールになっている社会では、その子供たちのうち男子は結婚に際しその家や集落を出ることになるわけで、娘が婿をとり、地位や財産は母方から娘方へ受け継がれ、母系制が生まれやすい。

親族関係の基礎になる婚後居住の決まりに関するもっとも説得力のある考古学的復元は春成秀爾による抜歯風習の研究によるものである。春成は西日本から東海地方の縄文晩期の抜歯が年齢とともにどのように進行（次々に歯が抜かれていく）していったかを整理し、上顎両犬歯を抜く成人式の抜歯のあと、下顎四切歯を抜く場合（4I型）と下顎二犬歯を抜く場合（2C型）があり、ともに結婚に際して行われた抜歯であるとみられるにもかかわらず、この二種が性別と一致しないことから、その集落出身者と外部から婚入した出自の違いにしたがって使い分けられた抜歯様式であると推定した。そして墓地における埋葬位置や副葬品などから有力者が4I型に集中するとし、この型式の抜歯を施された男女のほうがその集落出身者であると論じた。さらにその男女比によって、西日本では妻方居住が支配的で、中部日本では妻方・夫方居住があい半ばし、東日本は抜歯の様式が異なるが、夫方居住が一般的であった可能性が高いと推定した。抜歯は再婚や肉親の死に際しても行われたという（「縄文社会論」『縄文文化の研究』八、一九八二年）。

この春成による研究に従うと、結婚にともなう出入りの関係が集落間の出入りにほぼ一致していたことになり外婚の単位が集落ごとということになる。集落を単位とする集団意識が前面に出ていたとすれば、早・前期の場合など集落が小規模に散開し、外婚の単位も緩やかであったと思われる時期のありかたとは相当に異なることになる。これに関して想起されるのが、関東の場合になるが、縄文晩期集落の少なさと、特定集落に集中する傾向である。関東の晩期の遺跡数は極端に少なくなるが、その中に東京都下布田・なすな原、群馬県千網谷戸など大集落が残る。このことは一集落イコール一集団という意識を強めたことであろう。そしてこの少数集落に人が集中した理由として、食料の不足によりその管理が厳しくなったことも考えられるが、逼迫《ひっぱく》する資源をめぐって集団間の緊張が高まったことも想定しなければならないであろう。闘争によって傷を負ったり死亡したと見られる人の骨は縄文の各時期に見られるが、晩期に比較的多い。縄文集落はただ分散と集結を繰り返していただけではない。時代の進行とともに、構成員の固定化、集落の対立にもとづく所属の明確化の進行を想定すると、次に述べる酋長の権威の上昇のような現象も理解しやすい。

墓からみた社会

何度もとりあげた岩手県西田遺跡の縄文中期の集落は、中央に共同墓地がある。各墓坑は放射状に長軸を中央に向けて位置している。大多数は中央から等距離の円環上に位置するが、この環状の墓坑群の中央に数基の墓坑が存在する。この集落の酋長あるいは長老といった身分の人の墓であろう。墓の位置関係に、生前暮らした環状の集落と集団内での社会的位置が投影されているのである。しかしそのような中央に営まれた墓も、他の墓と区別される特別な施設や大きさ、副葬品を有するものではない。酋長が特別な権力や財力を持っていたわけではないであろう。

縄文中期とそれ以前、共同墓地の中の各墓の大きさや構造には、ほとんど違いがなく、そこに生前の個人の力の違いを読み取ることは難しい。しかし副葬品において一定の区別を認めることは不可能ではない。前期の少数の墓から生前身につけていた玦状《けつじょう》耳飾が出土している。縄文中期の墓も一般に副葬品に乏しく、巨大な三内丸山集落の一番豊かな墓ですら石鏃が一〇本副葬されていたにすぎない。縄文中期でもっとも注目される装飾品は、ヒスイやコハクなど貴石製の大《たい》珠《しゅ》である。これを有する墓が稀に一遺跡で一～三基程度、装飾品をもたない墓群に混じって存在することがある。その頻度の低さと、対照的に北海道から近畿地方まで広がるヒスイ大珠（図29）の分布の広さが示す大珠への渇望、それを支えた交易網などは、大珠こそが縄文中期の社会で酋長の権威を表象する最高の威信財であったことを示している。

豊かな装飾品を有する墓の代表的なものが、後期の福岡県山鹿《やまが》貝塚（後期）の人骨群である。埋葬人骨一八体のうち二号人骨（二〇歳くらいの女性）は、左腕に一四個、右腕に五個の貝輪、両耳にサメの歯製耳飾、胸に大珠（緑色の石製）と棒状角製品二点を身につけ、他の六人の女性たちも豪華な装飾品を身につけていた。これに対し八体の男性にはほとんど装飾品がなかった（三体は幼児）。このように豊かな装飾品を身につけた埋葬群は縄文時代にはあまり例がないために階層差の現れとして取り扱われることがある。実際二号人骨は特殊な身分を示すとみるべきであろう。しかし、同時にこの墓地の女性がすべて豊かな装飾品を身につけていることを忘れてはならない。ここに見られるのは女性が男性より社会的に優位にあった可能性であり、その上に女性酋長が立っていたのであろう。酋長個人を超えた階層の分化をここから語るわけにはいかない。

縄文後期ころから墓地の状況も変化を見せる。集落の中にあった墓地が集落を飛び出し、集落地とは別に専用の墓地が営まれることがある。大湯万座の環状列石の周囲には掘立柱建物群がとりまくが、竪穴住居は存在しないという。中期の西田遺跡から竪穴住居の輪を外した形である。北海道各地の周堤墓《しゅうていぼ》も集落の外にある。周堤墓というのは円形の大きな掘り込みを作ったときに出た土を周囲に盛り上げることによって土手で囲んだ円形の墓域で、その中に同一集団に属したと思われる人々が埋葬された。最大の周堤墓、千歳市キウス二号は、直径七五メートル、土手の高さ五・四メートルである。発掘は行われていないが、よく残っている土堤の壮大さは見るものを驚かさずにはおかない。

また、中期には住居内に立てられることが多かった石棒であるが、後期には大型のものが住居外の共同祭祀の場に立てられることが多くなり、そのような場所は墓地を兼ねる場合が多かったから、必然的に集落出身の死者の集団＝祖先を祀る祭祀としての色彩を帯びてきたと思われる（山本暉久「石棒祭祀の変遷」『古代文化三一―一一・一二』、一九七九年）。

環状列石、周堤墓などの独立した墓地が生きている人の集落と対になる死者の集落であるという見方から、墓地の構造に生前の社会構造を読み取ろうとする意識的な研究がなされている。千歳市丸小山《まるこやま》遺跡の周堤墓の場合、墓域の中央にマウンドを掘り残し、そこに掘り込まれた一基だけの墓には赤漆塗りの弓が副葬されていた。同じような例は同市美々《びび》第四遺跡の周堤墓にも見られる。酋長の権威が装飾品だけでなく墓のありかたにおいても一般の人とは区別を要求する場合が出てきたのである。

愛知県伊川津など東海地方晩期の人骨の残っている墓地から叉状《さじょう》研歯という特殊な歯の加工を受けた人骨が見つかることがある。上顎切歯に縦の刻みを加えたもので、ほぼ二〇人に一人ほどに見られるが、そのほとんどが4I系の抜歯、すなわち春成がその集落出身者のものとする抜歯を施されている。二〇人に一人という数は酋長としては多過ぎるかもしれないが、その数自体が当時の集団の規模を示す数といえるかもしれない。もっとも酋長の交代を考えるならば、一時点では四〇～五〇人の集団に一人というような数になりそうである。また叉状研歯をほどこされた人は男女の一方に限られないから、彼らが酋長か特殊な職能者であるとするなら、ここでは、男女が等しくそのような立場にたてる性的に平等な社会が想定される。

縄文時代人骨で貝輪を腕にはめたまま葬られた例は少なくない。そのようななかで晩期に限って愛知県稲荷山《いなりやま》貝塚、秋田県柏《かし》子所《こどころ》貝塚例のように乳幼児が貝輪を着装して葬られた例（片岡由美「貝輪」『縄文文化の研究』九、一九八三年）があるのは、生まれた時から特別な身分を約束された子供がいたことを示す可能性がある。特別な身分は世襲されることがあったらしい。

埋葬における特別扱いが極端になった例を晩期の東京都下布田遺跡の方形配石墓《ほうけいはいせきぼ》（図31、調布市教育委員会『調布市下布田遺跡』、一九八一年）に見ることができる。それは一辺六メートルの方形の帯状に大きな石を敷きつめたもので、中央に一基の土坑があり、石刀が副葬されている。土坑の周囲にも石が並べられていた。遺体は残っていないが個人の墓であることはまちがいなく、使用さ

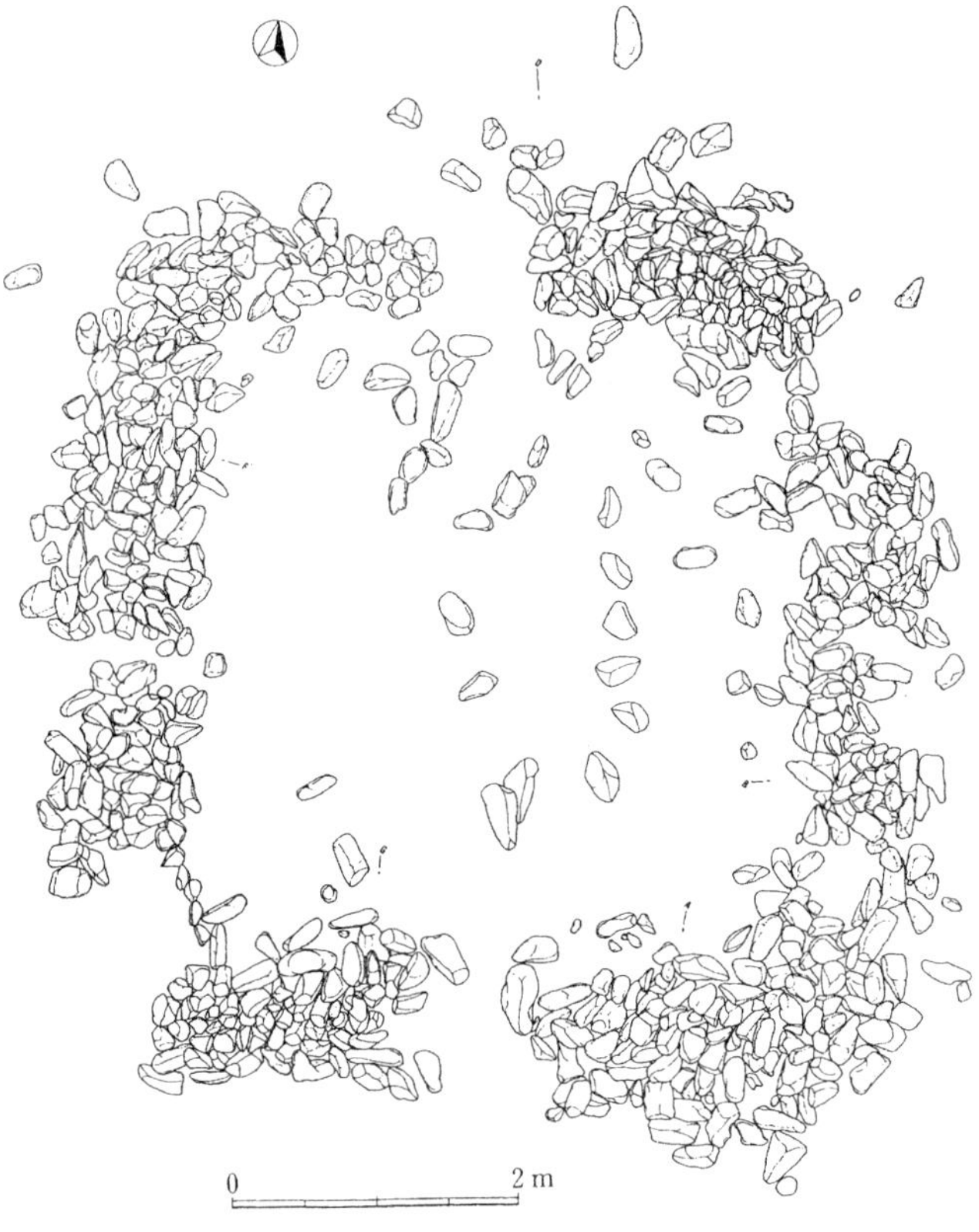

図31　東京都下布田遺跡の方形配石墓（縄文晩期）

れた石の総重量は七〜八トンにもなり、それはかなり遠方から運んで来たとみられる。

周堤墓が見られなくなる晩期の東北地方北部と北海道には、墓の位置や構造は特殊でないが、従来見られなかった大量の副葬品をともなう墓が見られるようになる。秋田県湯出野《ゆでの》遺跡二八号墓はヒスイ製勾玉二、小玉一二〇点を有し、青森県上尾駮《かみおぶち》一遺跡には五〇〜二五〇点の勾玉・小玉をもつ墓が七基ある（岡村道雄「埋葬にかかわる遺物の出土状態からみた縄文時代の墓葬礼」『論苑考古学』一九九三年）。晩期末ごろの北海道沢田の沢遺跡一号墓からは三八点の石器、一九号墓から一四〇点の石器と二七点のコハクなどの玉類、トニカ遺跡三号墓から八〇〇点、四号墓から二〇〇〇点のコハク玉が出土している。続縄文初期の無頭川《ずなし》遺跡の墓には一〇〇〇個以上のコハク製平玉と四〇〇個の石鏃が副葬されていたものがある。感じとして弥生前期の北九州に現れた、青銅器など特別な副葬品を有する墓に匹敵するほどの特別扱いである。

本項では酋長という言葉を用い首長という呼び方を避けた。これは社会構造の発展のある段階を意味する首長制が縄文時代にあてはまるのかどうかという議論にかかわることを避けたためである。縄文社会に階層があったと言えるかどうかは次節で考えたい。

宗　教

縄文文化はその誕生後間もなく女性像を獲得した。最古の例として愛媛県上黒岩岩陰の小さい礫《れき》に刻んだ女性像がある。非常に小さく、単純なものであるが、土偶一般のもつ象徴的表現にくらべるとむしろ写実的といってもよい。三重県粥見《かゆみ》井尻遺跡ではこの時期の土偶が出土している。縄文早期になると撚糸文系土器の末期に茨城県花輪台貝塚、千葉県木《き》の根《ね》遺跡などでみつかっている小さな土偶がある。目鼻の表現もない単純な形であるが、乳房の表現が女性であることを明示している。これらがその後の土偶につながるものかどうかはっきりしない。むしろとぎれている可能性が高い。いずれにしてもこれらは縄文時代の初めから女性像を求める精神世界が存在したことを示している。

土偶の役割には諸説あるが、完全な形のものがほとんどなく、一部が欠けて発見されることから、破壊自体に宗教的意味があるのではないか、怪我や病気の人間の身代わりとして壊されたのではないかという説が古くからある。山梨県釈迦堂《しゃかどう》遺跡では数百メートルも離れた地点で出土した土偶の破片どうしが接合し、破壊を徹底させるために、破片を遠くにばらまいたのだと考えられている。小さなピットや石囲中に意識的に埋葬したようなものもある。土偶の生命力を人間が横取りしようというのであろうか。想像はふくらむが確実なことはわからない。

土偶が普及しはじめるのは前期の東北地方からで、はじめは少数の板状の土偶が知られているだけだが、中期には関東、中部高地など中部日本に広がり、とくに勝坂式土器の分布圏では立体的な体軀とつりあがった目の土偶が多く作られた。以後縄文時代の終末まで、北海道、東北、関東で土偶は作り続けられた。西日本では全体に少ないが、九州では早期の前半に例があり、長くとぎれたあと後期後半に復活し、かなりの数作られた。土偶の特徴はなんといってもほとんどが女性像であることで、腹部を大きくふくらませ妊娠を表現したとみられるものが多い。釈迦堂遺跡では腹部に土玉を入れ、鈴のように作ったもの二点がある。妊娠の状態を表現するのであろう。稀には栃木県藤岡神社《ふじおかじんじゃ》遺跡の出産を表現する土偶や東京都宮田《みやた》遺跡の子供を抱く土偶もあって、土偶が出産や子孫繁栄の願いを表現することは確かといってよい。

土偶の分布について興味深いのは、九州、関東の早期、前期の東北から南下して中期の関東と中部、後期の南九州と、いずれも植物質食料を基盤とした繁栄が目立つ地域と時期にみられることであり、これが偶然でないなら、よく言われる女性の生産力を大地の生産力になぞらえて祈願したという意味づけの傍証になるかもしれない。もっとも東日本の後晩期にいちばん盛んで、植物食より狩猟と漁撈が重要性を増しつつある社会で、さまざまな儀器の発達の中心にあったものである。

前期の土偶の出現と前後して生殖力のもうひとつの神秘的な根源としての男性器の崇拝が起こる。東北と北関東の前期の石棒は小型で形も中期のものと違っているが、おそらく連続するものであろう。中期の石棒の中には長さ一㍍を超える大きなものもある。また住居址内や石組遺構内に直立された状態で残っていることもある。

土偶が女性原理、石棒が男性原理に関係する宗教的器物であるとすると、縄文時代の宗教はそうした性的原理を中心にするものであったことがうかがわれる。これをさらに端的に示すのが、北海道小樽の男女性器を土の板の両面に写実的に作り出した遺物である。中期以後、後期、晩期と進むにつれて土偶と石棒から土版や石剣などのヴァリエーションが生じ、非実用的な宗教的器物が増加していくが、そのなかで土偶と石棒はもっとも基本的なものとして縄文時代の終末まで盛んに作られた。

後期におけるひとつの展開は、石棒が共同の葬送の場に立てられ、性的儀礼とおそらく祖先崇拝を含む葬送儀礼が結合することである。またその場として環状列石、周堤墓など巨大な死者の村の施設も発達する。

巨大木柱列の用途は不明であるが、ただの柱列にせよ巨木を用いた建築であるにせよ、このように膨大な労働力を投入した建築が普通の住居であるはずはない。なんらかの宗教的な施設であろう。神殿という言葉には神の家として建物の形をとるという意味が込められるのかもしれないが、宗教的な大建造物というように拡大解釈するなら、巨大木柱列は神殿としての基本条件を備えているといえよう。

性的儀礼と葬送の結びつきは、弥生時代への移行とともに、再生の思想を生み出したらしい。中部地方～南東北では本来生産力と豊饒を祈った土偶が幼児骨を納めるための蔵骨器に転化するのである（宮下健司「縄文土偶の終焉」『信濃』五三―八、一九八三年）。このころ壺形という口が小さく骨を入れるのに向かない土器が再葬（なんらかの方法で遺体を骨だけにしてから葬るもので、縄文後期ごろからみられる）の蔵骨器として多く用いられるのも同じ現象かもしれない。弥生の壺は種籾を保存し、それに生命力を与える重要な容器で、弥生土器ではこの器種だけ特別に華麗な文様で飾られたのである。これは、東日本の縄文文化が農耕文化とのふれあいのなかで、従来の思想を変化させて生み出したものであるが、やがて本格的な農耕文化にともなう宗教体系の到来とともに短命で消えていった。

縄文社会のイメージ

一定の権威を持った酋長はいても、集落構成員の間に明確な階層差がなく平等であったということは、縄文時代に対してしばしば想像される大自然に抱かれる牧歌的・平等で平和な社会というイメージに一致するかもしれない。しかし別の見方もできる。人生の節目節目に抜歯という強い苦痛をともなう儀礼を強制し、個人の出自や経歴を抜歯の型式という一目でわかる印をつけて区別し、死後も家族ではなく、出自ごとに埋葬場所を区別する社会は、社会の規範と儀礼に支配され、個人の意志や自由の局限された世界なのではないだろうか。もちろんこれは時代とともに厳しさを増してきたという面があるのかもしれない。中期勝坂式の相当に自由な造形と晩期亀ヶ岡式の厳密な型式の違いもそのことを思わせる。

人間の骨や歯は成長期などに強度の栄養不良、長期の闘病などを経験するとストレスマーカーと呼ばれる痕跡を残すことがある。意外なことに縄文人骨は江戸時代の人骨よりストレスマーカーの出現頻度が小さいという。これは一見縄文人が江戸時代より健康的な生活を営んでいたことを示すかのごとくである。しかし古人骨から病気の歴史を研究している鈴木隆雄は、実は縄文時代の場合、そのようなストレスが死に直結することが多かったため、かえって縄文人骨にはストレスマーカーが残ることが少ないのだと逆説的に読み取るべきことを指摘する（『骨から見た日本人』、一九九八年）。

縄文人口の恐ろしいほどの増減に認められる厳しい現実と合わせ、近年ジャーナリズムが振撒いている縄文世界の明るく豊かで平和なイメージに無条件で同調することはできない。あるいは縄文にも豊かで平和な時期があったのであろうが、迫り来る厳しい環境を生き抜くために、個人の自由は抑圧され呪術による支配が時代を追うにつれて強まっていく世界であったのではないだろうか。

縄文文化の水準

公平な比較

縄文文化は、狩猟採集を基盤とする文化としては特異な発達を遂げた。大規模な多くの集落、装飾の豊かな土器、土偶・石棒などの宗教的な道具の発達、環状列石・周堤墓・巨大木柱列のような大建造物の存在などは、日本周辺、いや世界の同時期の狩猟採集民の文化にもあまり見られない特徴といえる。これらを数えあげ、縄文文化のレベルの高さを誇る前に気をつけなければならない点がある。現在の日本における恐るべき数の発掘件数である。年間一万を超える発掘件数は、日本以外のアジア各地で行われる発掘の数十倍になるであろう。縄文ともっとも比較すべき東北アジアの狩猟採集民地域における発掘密度とくらべるならば、面積当たりで一〇〇〇倍を超えるのではないだろうか。これだけの密度で発掘が行われると、はるかに高い確率で従来予想もされなかった新発見がなされることになる。新発見の競争条件がまったく不公平なのである。縄文文化の先進性、安定性、豊かさの証拠としてあげられているものの多くは、最近二、三十年に行われた多数の大規模発掘の結果として得られたものであることを忘れてはならない。他の地域でも同じくらいの発掘が行われれば、やはり驚くべき発見が続出する可能性がある。現在の景気のよい縄文時代観は、数え切れないほどの行政発掘の落とし子とも言えるのである。したがって、縄文文化のレベルや安定度を他の地域と比較し公平に評価するには、大きなもの、特殊なものばかりとりあげるのでなく全体の平均的な状態に基準をおかなければならないし、量的なものより質的なものを重視しなければならない。

繰り返す興隆と衰退

縄文文化が狩猟採集を基礎とする文化としては稀な安定した経済システムを構築していたことは確かである。しかしそれを過大評価することにも疑問がある。縄文文化が相当広い地域にわたり壊滅的ともいえる衰退をしばしば蒙《こうむ》っていたことも事実であるから。すでに述べたように、関東の前期末には顕著な衰退がある（図21）。南関東では前期の中葉は安定した様相であるが、前期末の諸磯《もろいそ》c式の時期に突然衰退し、住居址の残された遺跡はほとんどなくなり、わずかな土器片が残る遺跡が散漫に分布するだけになる。北関東の西部、つまり群馬県域では衰退の始まりはわずかに遅れ、諸磯c式前半まで安定した状態が維持され、土器はこの地域独自の変化をたどったが、その後半になると、遺跡の数、規模とも激減し、南関東と同様な状況になる。そこには比較的安定した状態が維持された中部高地の諸磯c式後半の土器型式が代わりに入って希薄な広がりを示す。この衰退状況は次の十三菩提式から中期初頭の五領ヶ台《ごりょうがだい》Ⅰ式の段階まで続く。

前節で拠点的集落と小集落、キャンプ地の関係についてみたが、このような衰退の時期の場合、一見して活動の拠点といえるような集落が広い地域にわたって見られなくなる。実際にはこのような時期にも、ある程度拠点的な生活地点とキャンプサイト的な場所の区別があったのであろうが、拠点的な地点が小規模になり長く続かなかったため、その痕跡が希薄になるのであろう。関東地方全体を通して遺跡が少ない十三菩提式期にあっても、横浜市の港北ニュータウン開発地域内には珍しくこの時期の遺跡が多い。しかしそれは小遺跡の群集という様相である。比較的条件のよい地域内を点々と移動していた生活が想定されるのである。

この衰退は遺跡の数と規模に影響しただけではない。居住地が不安定になり、土器一型式を超える長さにわたって居住された遺跡がほとんどなくなり、生業も変化し、石器の組成と遺跡の立地からみて、狩猟と外海漁撈の相対的比重が増したことが明らかである。周辺地域からの搬入土器の量が増加するだけでなく、土器型式の点でも周辺地域の土器型式が次々に関東に入ってきてはこの地に定着する。北陸の鍋屋町式、近畿の北白川下層《きたしらかわかそう》Ⅲ式、東北の円筒下層《えんとうかそう》d式の影響などである（今村啓爾「縄文前期末の関東における人口減少とそれに関連する諸現象」『武蔵野の考古学』、一九九二年）。

すでに述べたように、これらの現象の根本的原因は、植物質食料の減少にあろう。それが人口の減少を招き、長期の定住を困難にし、残った少数の人たちは生きのびるために、困難さの大きい狩猟・外海漁撈という生業に大きく依存せざるをえなくなり、希薄な資源の利用のために移動性の高い生活形態をとった。このため、周辺地域からの土器が移入される機会が増えた。また、在地の土器型式の維持も難しいほど文化の力が弱まり、周辺の土器型式の影響を受けやすくなった、というのが現象全体に対する合理的な説明である。

このような危機的状況が起こったとき人々はどのような対応策をとったであろうか。安定した生活の可能な地を求めて遠くへの移住が起こったことは想像に難くない。とくに当時東北地方は安定した資源状況にあった。しかしそれを裏付けるような関東の土器型式の他地域へのまとまった移動を指摘することは困難である。むしろ事態は逆で、すでに述べたように、関東へは、北陸、西日本（東海）、東北地方の土器型式が次々に侵入しては関東在地の土器型式と共存するという現象を繰り返したのである。

同じような現象は中期末にもあった、すでに本章の最初の節「繁栄と限界」で述べたように中部高地の壊滅的な衰退の後、関東の加曾利EⅣ式が中部高地に侵入し主体的な土器となる。続いて今度は西関東でも衰退が進むと東海地方に分布の先端があった中津式が侵入し、関東在地の加曾利E式系統の土器と共存して、称名寺式を形成した。このようなことは土器編年の研究が精密になるとどこの地域でも見えてくることであろう。十分な事例について検討したわけではないが、縄文土器型式の分布が広がるときのひとつのパターンは、衰退している地域に対して広がる場合で、この場合、広がったからといってそれが行った先の地域の復活にはつながらないようである。弥生時代の場合には、土器型式の広がりが、行った先での遺跡の増加をともなうことがしばしばあるらしい。移動が新天地での開発という目的をもって行われたからであろう。縄文の場合は、希薄になってしまった地域への小規模な流入でしかないように見えるのである。

近年湖底堆積物のボーリング採取技術が進歩し、一年に一枚ずつ堆積した年縞《ねんこう》の存在が明らかになり、一九九〇年代にその研究が目覚ましい進展を見せた。鳥取県東郷池《とうごういけ》の年縞の化学的組成を調べた福沢仁之は、完新世にも短期かつ急激な海面低下が繰り返し起こったことを明らかにし、それが地球規模の一時的な気温の低下を示すと考えている。さらにその現象が起こった時期は、縄文早期／前期／中期／後期／晩期の境界に相当するという（「氷河期以降の気候の年々変動を読む」『科学』六八―四、一九九八年）。筆者はかつて上記のような関東地方における人口の減少と土器型式の激しい動きが、前期末、中期末だけでなく早期末、晩期後半にも起こったことを指摘したことがある（「称名寺式土器の研究」『考古学雑誌』六三―一・二、一九七七年）。この偶然とは思えない一致は、このような現象の原因が短期ではあるが激しい気温の低下にあることを暗示しているようにみえる。年縞と土器編年の対比が課題となる。

縄文文化がある時期ある所で繁栄していたのは事実であるが、それは事実の半分にすぎない。気をつけなければならないのは、発掘された資料によって過去を復元する考古学という学問の性質上、遺跡、遺物の豊富な時期は目につきやすく、マスコミの注目も浴びやすい。ところが衰退して遺跡・遺物が少ししか残されなかった時期は見えにくく、注目されることもない。遺跡遺物がまったくない時期と地域があったら、そこに空白が存在すること自体なかなか気がつかれないであろう。

階層は存在したか

前節で縄文時代の墓の副葬品と構造から、中期、後期、晩期と進むにしたがって、おそらく「酋長」、「長老」と呼ぶべきリーダーのような人物がしだいに特別な存在になり、墓地においても一般の集団構成員とは異なった墓の位置や副葬品をもつ場合が出てきたのをみた。このような特別な人物の登場は「階層化」といえるであろうか。リーダー的な立場の人はもちろん旧石器時代にもいたであろう。そのような人物が一般構成員に一定程度優越する権利を保持したり特別な装飾品を身につけることは自然なことである。それは基本的に個人単位の資質や集団の慣習に帰することであって階層とは呼べないのではないかと思う。

近年縄文時代における階層の存在の可能性を言う人が出てきたが、多くは思いつき的な発言にすぎない。そのような中にあって、縄文時代が「階層化社会」であったことをもっとも積極的体系的に主張したのが渡辺仁（『縄文式階層化社会』、一九九〇年）である。渡辺が縄文社会にあったと主張する「階層」とは、非常に特殊かつ具体的なものを想定している。アメリカ北西海岸インディアンのヌートカ族、北東ロシアのギリヤーク族などに見られる社会的上下関係で、狩猟と漁撈の分業関係が、富裕の格差と貴賤の観念を生み出したものだという。同じような関係はアイヌにもあり、それが縄文時代にもあったと主張するのである。考古学では遺跡遺物の解釈のために民族学のデータを援用することがあるが、渡辺の場合は逆に民族誌に見られる社会の状態を縄文時代にあてはめようとしている。その証明法は民族誌に平行する証拠を縄文時代に見つけ出すことにあり、普通の考古学と逆である。

渡辺が縄文に階層が存在した第一の証拠とするのは縄文土器の優品であり、それを上流階層の威信材とみなす。なるほど美術全集に掲載された土器を通覧すると縄文土器には一般の土器とかけはなれた優品があるような感覚をもつかもしれない。しかし各地域・各時代ごとに区切って、つまり型式ごとに見た場合、縄文土器にはほとんどの型式について隔絶した優品というようなものは存在せず、なだらかな裾野の頂上に比較的優れた作品が並ぶにすぎない。粗製と並製あるいは精製の区別が行われた型式では、それらは用途に応じた作り分けとして存在するのであって、とうてい階層差に結びつくものではない。隔絶した優品という名にもっとも該当するのは、中期の勝坂式と周辺型式の一部であるが、これに続く加曽利E式には平民を驚かす貴族の威信財といえるような隔絶した作品は存在しない。勝坂式の時期にだけ階層があったというような社会観は成立しないであろう。渡辺は上層階層の特権である儀礼的なクマ猟が行われた証拠として、新潟県室谷洞穴のクマの骨をあげるが、狩猟活動が盛んであった草創期の山間部における狩猟キャンプ地をもって縄文時代一般に特殊クマ猟が存在した証拠とすることはできない。このように渡辺は「縄文時代」という単位でものごとを考え、縄文時代を一括して性格づけるが、縄文時代に階層があったのなら、それがいつどのように生まれ発達していったか、時間の経過に沿って見ていく必要があろう。このように渡辺のあげた証拠は不十分であるが、だからといってそれがすぐ階層の不存在の結論につながるわけではない。

縄文時代に副葬品や墓地での取り扱われ方において多くの人とは区別された人がいたこと、それが時間の経過につれてより強まっていったことは事実である。結局この議論のポイントは「階層」をどう定義するかにあり、それを明確に定めた上でそれに相当する社会があったかどうかを検討するのでなければ議論がなりたたない。注意すべきことに、渡辺は一貫して「階級」でなく「階層」という言葉を使い、それは権力的な関係ではないとする。とすると、権力的な関係である「階級」が生まれる以前に「階層」が存在したと考えているように見えるが、一方では縄文時代に「階級」なしとする定説を論破すると宣言しているところをみると、「階層」と「階級」をほぼ同じものと見ていることになり、言葉の使い分けがよくわからない。

「階層」「階級」を理解するには、歴史学の基本的方法として、現象を時間的に整理しながら観察する必要がある。火を見るよりも明らかな古墳時代の階級からさかのぼっていくことが基本であろう。詳しく述べる余裕はないが、これは弥生前期末～中期初頭の北九州における特殊な副葬品をもつ墓にさかのぼり、それを古墳の成立に至る権力者の出現の最初の兆候とみなすことができよう。一方、縄文中期以後考古学的にかろうじて認め得る形で、集落内に特別な地位をもった人が現れ、共同墓地の中での埋葬場所や若干の副葬品、叉状研歯などによって一般構成員とは区別され、ついには晩期の下布田遺跡の配石墓や東北地方・北海道晩期の多数の玉類を副葬された墓の隔絶性に至る。これらは特別な扱われ方において弥生前期末～中期初頭の特別な墓に匹敵するかもしれない。しかし両者が系譜的につながることはないであろう。重要なことは弥生時代にはじまる階級分化が生産基盤と結びついてきわめて急速に進行したことであり、縄文の特殊な墓はおそらく酋長の権威の上昇や宗教的イデオロギーの累積とともにゆっくり進行した現象であり、その背景が異なる。そして何よりも歴史の展開に与えた影響という点で重要性が比較にならない。「階層」の定義のしかたによっては縄文時代にも階層があったことになるであろうが、その出現が歴史の転換点になるとは思えない。

森林性新石器文化は都市や文明を生み出したか

青森県三内丸山遺跡の発掘は、その集落の規模の大きさが、「縄文都市」という言葉を生み出し、さらに「縄文文明」論に至っている。これらはマスコミ向けや町おこしのためのリップサービスと理解しているが、私も縄文文化が森林性という特殊な形であるにせよ、食料生産の新石器文化の段階に達したと認める以上、その新石器文化が都市や文明を生み出したのかどうか検討してみることは、縄文文化のレベルを評価するうえで必要なことである。

三内丸山が都市であるという説の根拠は、人口が五〇〇人以上あった、それだけの人がいたのならもはや村ではなく都市であるというものであるらしい（このような説の多くは、誰が何を根拠に主張しはじめたのかはっきりわからない形で一般向の出版物に登場する）。そもそも五〇〇人ということには計算の根拠すら示されておらず、都市であるかどうかが人口だけできまるものでもない。

発生期から近代まで含めて都市を定義することは難しい。しかし第一に相当な人口が高い密度で生活する、という外見的特徴が不可欠である。そして第二に周辺の広い地域の人間集団に食料などの一次産品を依存する存在であることがあげられる。都市はそれをささえる農村、漁村に対置される点に本質的な性格がある。しかしこの二点だけでは難民キャンプや大規模な軍隊の駐屯地まで都市になってしまうから、第三として、自己（都市）を維持するためにさまざまな活動を行う有機的存在であることをつけ加えたい。存続のために必要な経済力を持ち、必要物資を外部から集めて円滑に内部に流通させる、また生活に必要な環境や秩序の維持などを内部の構成員が分担して行うのである。そのほか古代の都市については、普通政治や宗教の中心を核にして生まれることが多いといえるが、商業、工業を中心におこった近代都市ではこれがあてはまらないものも多い。また都市内の構造のありかたなどの特徴もあろうが、詳しすぎる定義は例外を多くするおそれがある。

いずれにしても三内丸山を含め縄文の大集落は、第一、第三にあげた性格を多少持つ場合があるかもしれないが、第二にあげた、都市にとってもっとも基本的な性格を持つことはない。縄文人はおそらく全員が一次産品の生産者だったからである。

さて、都市があるから文明だという議論には都市がないので文明でないと答えるが、別の論理で縄文文化を文明であると主張するのは安田喜憲（『縄文文明の環境』、一九九七年）である。彼の文明の概念は独特で、まず「文明」に対置される概念は「未開・野蛮」であるが（モルガン、エンゲルスの概念とは無関係）、縄文時代にはさまざまに優れた「生態系に適応した技術・永続的な固有の装置・制度系・組織化された生活システムと精神世界が確立した」と論証不足な項目を並べ、要するに「未開・野蛮」ではないことをもって「文明」とみなすというのだ。これまで歴史学者や考古学者が人類のひとつの歴史的発展段階として解明に努力してきた古代文明の基本的特徴とは無関係に「文明」を定義し、縄文文化はその「文明」に属するというのである。もちろん

「文明」という言葉自体にはさまざまなレベル――哲学的、文化論的、歴史学的な面での概念があり、その概念を問い直すことは許されよう。しかし考古学・古代史の分野でいう「文明」とは、世界の四大文明（エジプト、メソポタミア、インダス、黄河）を特徴づけるような、それ以前の時代とは格段に複雑化した社会と高度な技術・制度――具体的な現れとしては、都市、国家、階級、特殊専業者の分化、商業の発達、文字、等々――を特徴とする文化・社会のありかたを指してきた。そこには未開であるかないかといった主観的価値付けを離れた人類史における画期としての認識がある。

これまでの研究の経緯と成果を無視した勝手な定義のしなおしは、研究に混乱をもたらすものであるが、混乱以前に、そのような定義のしなおしに賛成する考古学者・歴史学者がいるだろうか。そして安田が文明をそのように定義しなおすなら、従来の四大文明やその他の世界の文化についてもその定義があてはまるのか検討する必要があるのに、従来の四大文明はそのままにし、これに彼の「長江文明」と「縄文文明」をつけ加え六大文明とするのである。こうしてみると、安田は「縄文文明」を世界の四大文明に参入させるため、縄文についてのみ独自の「文明」の定義を行ったといわざるをえない。一万三〇〇〇年前、「縄文文明」の舞台となる落葉広葉樹の生態系が形成された時期をもって「縄文文明」の誕生とみなすというが、自然環境の変化すなわち人類文化の変化であるという暴論である。そして世界に先駆けて日本に「文明」が誕生したという主張である。

縄文文化の水準

縄文文化の土台である食料獲得の技術は、自然環境を隅々まで知りつくしたきめの細かい対応と多彩な技術の獲得においてきわめて高いレベルに達した。それればかりか、各種有用植物の栽培において、食料生産の第一歩を開始し、クリ林の育成という独特の方法において社会的に大きな意味のある食料生産の段階に達した。しかしそれはまた一面において自然の営みに半分乗っかる形での生産であり、自然の変化自体にはさからえなかった点においても限界があった。

縄文文化を食糧生産の時代と認めるならば、従来縄文文化のレベルについて決まり文句のように言われてきた「狩猟採集文化としては稀にみる高度な……」という表現を返上しなければならない。しかし、では「食料生産の時代に入っていたから縄文文化は高度なレベルを達成したのだ」と言うのは大きな抵抗がある。食料の生産があったとしてもやはり縄文文化は全体としてみると自然物の生み出した資源の多彩な獲得によってなりたっている部分が柱なのだから。

結局、縄文文化に狩猟採集か農耕かという世界史的二分法を当てはめようとするところに無理があるのだ。縄文は普通の狩猟採集文化を超えて新石器時代的であるが、一般の新石器文化のように農耕牧畜でなく、森林資源の、人為的な増殖を含む高度な活用によってそれを達成した。穀物の農耕によるのとは別のコースで新石器のレベルに到達した点において独自の位置を占める文化なのである。

縄文時代に都市や文明があったという発言については、その特徴を認め難いといわなければならない。ただし階層については、何をもって階層とするかが問題である。縄文時代にも、個人間の格差があり、それが時間とともに増幅していったことは認められる。しかしそれは縄文のイデオロギーの蓄積の中で生まれたものであり、弥生時代からの歴史の基調となる生産構造に根ざした権力的な階級分化の進行とはつながりのないものと考える。社会組織でも、親族組織は縄文晩期になると相当複雑、厳格な形で発達していたことが「古今東西に類を見ない」（春成）ほど発達した抜歯儀礼から読み取ることができよう。工芸技術の面では、金属やガラスといった高度なテクノロジーを獲得することはなかったが、木工、漆細工、土器つくりなど手先の技術と美術的な面で高度な発達を見せた。思想のレベルを評価することは、生産技術を比較するのよりずっと難しい。それが考古学的にとらえにくいのと高低の客観的基準を定めがたいからである。しかし西アジアの新石器農耕文化に匹敵する縄文の女性像の造形は、とりあえずそれに近いレベルの思想的複雑さを暗示するし、さまざまで大量の儀器の製作使用、大規模な宗教的建造物も、相当複雑な宗教性の存在を示す。

近代の狩猟採集民は、農耕文化の到達以前の辺境地帯や、農耕民に優良な土地を奪われた人たちの、それなりに高度な適応としてあったものであるから、先史時代の文化社会と単純な比較はできないが、縄文文化の、定住生活を土台として獲得されたさまざまな発達した文化要素に注目するなら、とくに中期以降の集落の安定性など、アフリカのブッシュマンや東南アジアのネグリートなど熱帯の遊動的狩猟採集民のレベルを超え、北太平洋周辺の近代の定住的な狩猟採集民に並ぶものがあるといってよいであろう。そして考古学資料どうしで比較ができる中近東、中国などの新石器時代の文化に比較するなら、その初期の段階に匹敵するといえそうである。

しかしながら、縄文文化の水準を示すこれらの要素――環境に対するきめ細かな適応、工芸技術の発達、宗教的イデオロギーの蓄積と複雑化、親族組織の厳格化など――はいずれも縄文文化が一万年の長きにわたり、まったく別の種類の生産方式や社会やそれにともなうイデオロギーによって置き換えられることなく、ほぼ同じ方向での世界観と価値観を維持するなかでゆっくり獲得されてきたものであり、とくに自然の試練を受けるたびにより強固に再編されてきたのであろう。一万年かかっても、歴史の次の段階である文明に進むのに不可欠な都市性や下部構造に根ざす階級的関係の発生がみられなかったことは、縄文文化の水準の高さを評価するのと同じくらい、むしろそれ以上に縄文文化理解にとって重要と考える。

農耕の意味とアジアの中の縄文文化

弥生時代への移行

約一万年の長きにわたり繁栄と衰退を繰り返し、ゆっくりと文化的変化を続けた縄文文化も、大きく異なる次の時代に移る時がやって来た。

弥生文化概観

紀元前五世紀ごろ、大陸から朝鮮を通って水稲耕作という新しい食料生産の方法が伝わり、弥生時代が始まった。弥生時代は狩猟採集漁撈を中心とする縄文時代と違って、農耕を生業の中心とする時代で、いろいろな作物が栽培された。そのなかでもとくに稲が重要であった。

本書が縄文時代を主題としながらこの時代にまで筆を延ばすのは、第一に縄文文化のありかたが農耕文化の受容のしかたに影響を与えたこと、第二に縄文と弥生が、日本列島の自然に対する、対照的ではあるが、ともに非常に成功した適応の形であり、その対比によって縄文文化の本質が理解できると考えるためである。したがって本節は弥生文化全体の描写を意図するものではなく、縄文文化の特質を浮き上がらせるために必要な弥生文化の特質を指摘し、日本の自然と農耕の関係について考えるものである。弥生文化の中にある西と東の格差や前者が後者の地域に広がっていく過程といった重要な点にも言及しない。

弥生時代から金属の道具、鉄器と青銅器が使われるようになった。石器もまだ使われていたけれど、鉄器がしだいに石器の地位を奪っていき、弥生時代の終わりごろには石器はほとんど使用されなくなってしまう。青銅は主に祭りの道具を作るのに使われた。

この弥生時代には縄文時代と違って、豊かな者と貧しい者、統治する者とされる者の違いが生まれはじめ、同時に当時の中国人が「国」と記した政治的まとまりの形成が始まった。階級社会や国家は弥生時代に完成するわけではないが、この時代にそれへ向けての社会の動きが始まり、急速に進行した。このような大きな社会の変化はみな、水稲耕作とそれにともなった文化の伝播をきっかけとして始まったのである。

弥生文化の基本になった水稲耕作の技術は、紀元前五世紀ごろに朝鮮から北九州に伝来し、急速に東に北に広がっていった。そして紀元前二世紀ごろには、青森県にまで達した。江戸時代まで稲作の北限であったこの地域に早くも到達してしまったのである。しかし稲作は主に気候の制約からここでストップし、北海道には渡れなかった。北海道では狩猟採集の縄文文化が残り、それは「続縄文文化」つまり縄文文化の続きの文化と呼ばれている。

もうひとつの弥生文化の大きな特徴は大陸との活発な交渉である。縄文時代にも交渉がなかったわけではない。北海道には縄文早期に石刃鏃という沿海州方面で発達した型式の石鏃が土器とともに伝播したし、北海道産の黒曜石が大陸に石器の原料として運ばれたことも明らかになっている。九州と朝鮮の間での交渉はもっと頻繁であった。九州前期の轟式から曾畑式土器への変化は韓国における隆起文土器（日本の草創期の隆起線文土器とは関係がない）から櫛目《くしめ》文土器への変化と対応関係を保ちながら変化した。縄文前期から後期にかけての土器が釜山《プサン》の東三洞《トンサムドン》貝塚などで出土しているし、韓国の結合釣針が九州に、九州の結合釣針が韓国南岸へ運ばれていることは先に述べた。

しかしこのような縄文時代における交渉も、弥生時代に始まる活発な交渉とは比較にならない。そもそも弥生文化は韓国南岸からの道具と技術の伝播によって始まったが、その社会を維持するため、鉄器が、続いて青銅器とその素材の輸入も開始された。階層化と政治的統合が進む社会が青銅器を需要したのだ。両地域の仲介をした人たちが暮らした集落も相互の土器をともなって発見されている。さらに、成長する「国」が、競争相手に対して有利な地位を獲得する目的をもって、漢が朝鮮北部に設置した楽浪郡や中国本土との外交的なレベルでの交渉を開始した。伝播したものは個々の道具やその作り方に限らず、住居の型式、環濠をもつ集落に及んだ。日本独自の墓制と考えられていた方形周溝墓も韓国寛倉里《クワンチャンリ》遺跡での発見により、伝播の可能性が高まった。

さらに、戦争や国の概念といったものさえ伝わってその出現を早めたかもしれない。

水稲耕作の伝来

弥生早期に北九州に伝来した稲作がどのようなものであったかは、福岡県の板付《いたつけ》や野多目《のため》などで発掘された水田がよく物語る。

板付の水田跡は、空堀をめぐらせた集落の下の低い段丘面上に発見された。低い段丘といっても、谷のいちばん低いところの、自然に水に浸かっているような場所ではない。水路で水を引いてやらなければ灌漑できない場所である。このための水路は上の段丘のすそをめぐるように作られているが、これは集落の外堀を兼ねていたといわれる。この水路のところどころに井堰《いぜき》を作り、水を溜めて、その脇の水口から水を田に流すようになっている。また排水用の水路もあって、水田から流れ出てくる水がこの水路を通ってもとの灌漑用の水路に戻るようになっている。野多目（図32）も同様である。このような湛水《たんすい》、落水のコントロールのできる水田は、一年中水に漬かっている湿田より生産性が高い。遠くから水路で水を引いてきて、そのような高度な水田を作っていたのだ。

弥生時代に田植が行われていたかどうかは長い間考古学上の問題であったが、岡山県の百軒《ひゃっけん》川原尾島《がわはらおじま》遺跡で弥生時代後期の水田が発掘されたとき、その水田の表面に点々と小さな穴が並んでいるのがみつかった。穴の中にだけ上の地層の砂が入り込んでいたので、この砂の部分を取り除いていくと、穴が一定の方向で規則的に並んでいることが明らかになった。その並び方を観察

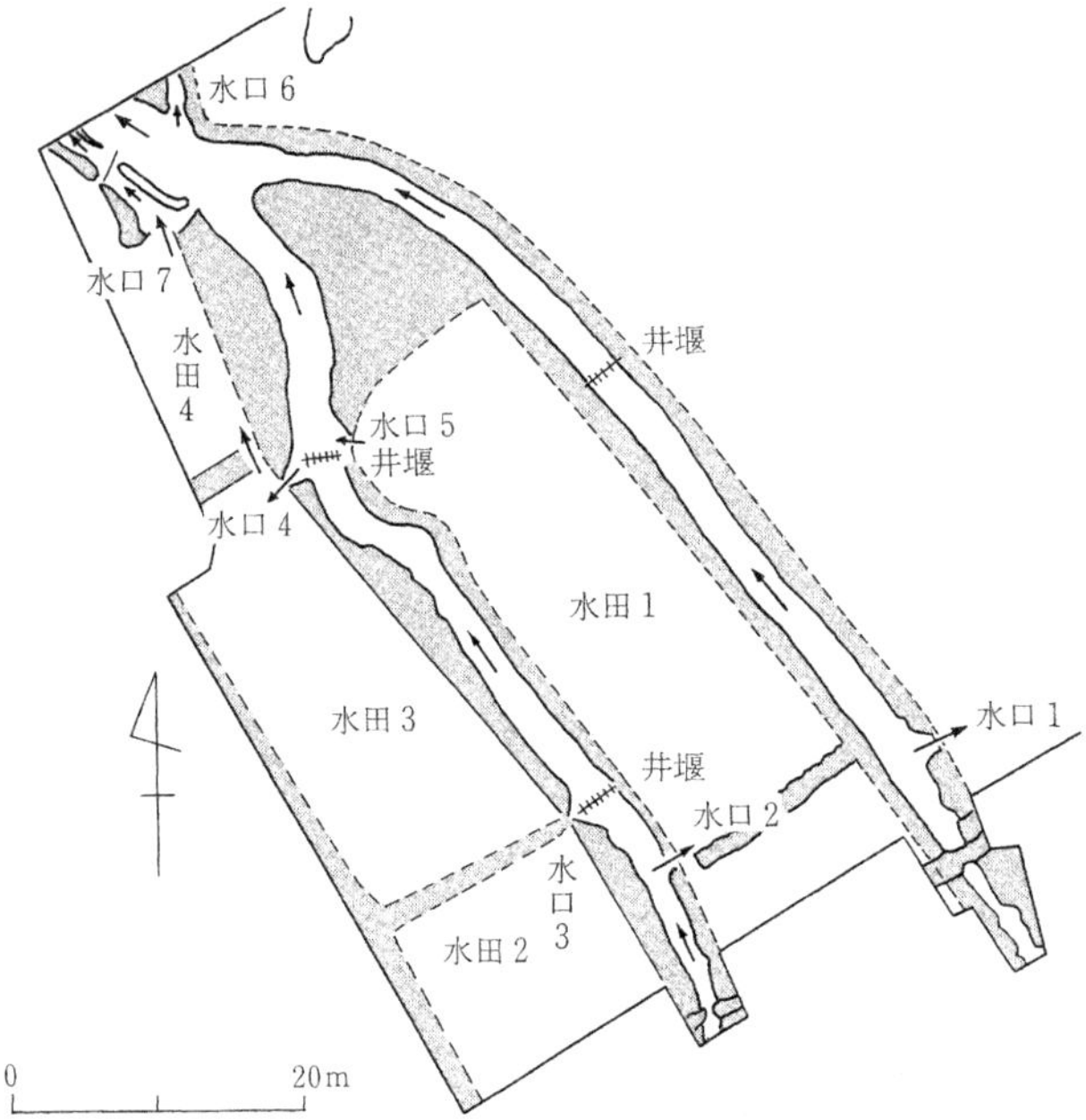

図32　福岡県野多目遺跡の水田址（弥生早～前期）

すると、だいたい幅一・五メートルくらいの範囲はきれいに並んでいるが、隣りの一・五メートルの範囲とは断絶がある。これをどう考えるか。一人の人が幅一・五メートルの範囲を受け持ってあとずさりしながら横列に苗を植えていったと考えると非常にうまく説明できる。この水田跡ではこの横に並ぶ一・五メートルの幅が六つ並列しているから、六人の人が並んで稲の苗を植えていったことがわかる。これによって田植が弥生時代に行われていたことが証明された。株の跡がこのような形で残るのは本当に偶然に良い条件が重なったときに限られるから、このような例は他に二、三あるだけで、田植が弥生後期よりもさかのぼるかどうかはっきりしない。しかし弥生時代のはじめから非常にすぐれた水田が作られていることを思うと、高度な水田で粗放な栽培ということは考えにくいので、弥生時代のはじめから田植が行われていたと推定したい。また後述するように、田植をしないと日本の自然条件下で稲をうまく育てることは難しい。

少し前までは弥生時代の稲作というと、日本で稲作が始められた初期の段階でもあることだし、かなり原始的な栽培方法が行われていたのではないか、自然の沼地のような所に籾《もみ》を直播《じかま》きにしたのだろうというように想像されていた。極端にいえば、日本列島に稲だけが伝わって、その育て方は日本の中の試行錯誤の中で完成されたというような考え方である。しかしここに紹介した板付や百軒川の水田は、そのような推測をひっくり返したのである。考えてみると、稲作は日本に伝わるまでに中国で長い間行われていた。最近の調査で、長江の中流域では七〇〇〇～八〇〇〇〇年前に稲作が行われていたことが明らかにされている。日本に来る以前に五〇〇〇年も栽培されていたわけで、その長い期間に栽培方法は相当に進歩したと予想してもよい。もっとも中国では水田の発掘調査はまだ始まったばかりで、その過程を確認することはできないのだが。そしてこの大陸で進歩し、完成した稲作技術が日本に伝わったとすれば、日本最初の水田が非常に発達したものであったとしても、少しもおかしくはない。

従来、日本列島における稲作の伝播については、土器編年の研究からそれが非常に急激なものであったことを主張した山内清男の意見もあったが、比較的長い時間をかけてゆっくり進んだと常識的に考える人が多かった。しかし東北地方での調査が進むと、日本に上陸した稲作が急速に本州の北端の青森県にまで到達したことが明らかになった。津軽平野の砂沢遺跡では弥生時代前期の土器をともなう水田が発見されている。少し後の垂柳の水田は広大である。水稲農耕が北九州に来てからわずか二〇〇〜三〇〇年で本州の北の端まで伝わったのである。中国から日本に伝わるのに五〇〇〇年かかっているのとくらべると驚くべき早さである。

このような伝播を可能にした理由のひとつに縄文文化が広く物品と情報を伝達するシステムを構築していたこと、隣接する土器型式間における文様の交換に見られるように、地域的社会の関係が互いに開放的であったことがあげられる。また朝鮮半島を南下してきた稲作はすでに相当冷涼な地域を通過しており、そこでの適応力を身につけていたといえよう。

ここで考えてみる必要があるのが、農耕は大陸からその知識を持った人間がやって来て日本列島にいた縄文人を追い払いながら広めていったのか、あるいは縄文人が農耕を学び、これを受け入れたのか、どちらであろうかという問題である。

農耕の担い手

弥生時代の始まりの時期にさまざまな大陸の道具類が日本に伝えられた。朝鮮の型式の家も見られるし、それまでの日本人とは異なった形の人間の骨格も発見されている。しかしもっとも広く一般的に見られる考古学の資料である土器でみると、北九州では弥生土器の成立に大陸からの影響が大きく関与し、その土器が西日本に広がるという現象があるものの、同時に日本各地の縄文土器がそれぞれその地の弥生土器に変化したことがわかる。東日本では縄文という伝統的文様が弥生時代の土器にも続けて使用された。これによっても、新しい生活様式が伝わってきたことは確かであるが、土器の作り手が大きく交代することはなかったといえる。したがって結論としては、一定数の渡来人があり、彼らやその子孫が広がって農耕指導者になるという動きはあったが、縄文人が農耕やそれに関連する道具の作り方、使い方を学び身につけたのが主流であったといえる。列島内における伝播の早さもそうでないと説明がつかない。

弥生時代の農耕では水稲以外にも陸稲、ムギ、アワ、ヒエなどが畑で栽培されたことが知られているが、中心になる水稲なしに日本での農耕の確立はなかったであろう。しかしここでもうひとつ考えなければならないのが、はたして縄文の人々にそのような進んだ農耕を受け入れる能力があったのかどうかである。いくらすぐれた経済システムでも、すぐれたシステムであるだけにいっそう、受け入れる側にその能力がなければ受け入れることはできなかったであろう。これは先に論じた農耕の担い手の問題と不可分の問題である。

結論から先にいうと、縄文人はその能力を持っていたといえる。まず彼らが放浪生活ではなく定住生活を営んでいたということが大事である。水田の近くに住み、水田の準備から作物の世話、収穫物をそこに蓄えるには定住生活でなければならないが、縄文人は早くからそれを獲得していた。また農耕生活では収穫があるのは一年のある時期だけで、他の時期はその収穫物を蓄え、それを少しずつ利用して生きていかなければならないが、木の実を大量に蓄えて一年の基本的な食料とし、季節、季節に利用できる動植物で補っていた縄文の人々は、農耕を開始するのに必要な食料と生業の年間計画性を身につけていたといえる。また蓄えたトチの実を非常に手間のかかる方法でアク抜きし食料にしていた縄文の人々は、農耕を始めるにあたって不可欠な資質である勤勉性を有していたし、縄文人の作った道具類を見れば、農耕に使用するさまざまな道具を作るのに必要な手先の器用さを有していたこともわかる。

もうひとつ大事なことは、縄文時代の人々がすでに植物栽培の知識を持っていたことで、リョクトウ、エゴマ、ヒョウタンなどを栽培し、利用していた。縄文後期ごろにはコメやムギという穀物も入手し、部分的に栽培もしていた。

本格的な稲作の開始には右記のような一般的能力だけでなく、特殊な知識と技術――水田の拓《ひら》き方、水の引き方、耕作・収穫などの道具のつくり方が必要で、水田の準備に始まる農作業の季節的タイミングのとり方は日本のように夏の短い地域では収穫の成否に重大な影響を与えたであろう。籾をおいしい飯にまで変える方法、籾の保存なども不可欠な知識であったに違いない。そしてなによりもそのような努力を続けていけば必ず豊かな収穫が得られるという信念が必要であった。それらがすべて縄文人のみによって学習、獲得されたとは思えない。

渡来人の数について考古学者内部、人類学者内部にもそれぞれ異なった規模を想定する意見の不一致はあるが、一般的にいって考古学者はその規模を小さく見積もり、人類学者はそれを大きく考える傾向がある。土器や石器を扱う考古学者には縄文から弥生への文化のつながりがよく見え、弥生前期末から北九州に現れるはっきりとした渡来人の集落もその数は少ないことを知っているためである。これに対し人類学者は現代日本人と縄文人の違いや、大陸の人間との遺伝形質の近さに注目し、弥生時代に現れる大陸的な骨格をもつ人たちの、現代日本人形成に果たした役割を重視する。

両分野の矛盾を解決するひとつの方法として、渡来人自体の規模はさほど大きなものではなかったが、それが日本上陸後に急激に増加しつづけ、結局現代日本人の形成に大陸系の遺伝子が大きく貢献したとは考えられないであろうか。埴原和郎は、世界各地の初期農耕文化の人口増加の記録をもとに、未開な社会の人口増加率は非常に低いとみなし、弥生の人口増加は多くの移民を考えないと説明できないと主張する（"Estimation of the number of early migrants to Japan"『人類学雑誌』九五―三、一九八七年）。しかしすでに縄文中期の場合について見たように、縄文時代といえども食料の事情さえ許せば、驚くほど急激な人口増加が実現されたのである。次節でみるように、日本は水稲耕作に著しく適する条件を備える。一度その技術が導入されると人口は急激に増加しつづけた。たとえ大量の移民があっても生産が増えなければ彼らは生きて行けなかったであろう。逆に生産が増えれば、国内の自然増加だけで、縄文中期のような人口増が起こったであろう。そしてその人口増加の中心にあったのは、渡来人を多く含む先進農耕技術を身につけた集団で、人口増加というものの常として累乗的な増加の維持は、やがて縄文以来の土着の遺伝子を圧倒していったであろう（今村啓爾「縄文時代の住居址数と人口の変動」『住の考古学』、一九九七年）。

急激な社会変化

水稲耕作には農耕のなかでも特別な性質がある。まずその集約性である。とくに日本の水稲耕作を特徴づける灌漑と移植を特徴とする稲作では、次節で述べるように集約性が高く、大量の労働力を投下しそれを生産に転化するという性質が強かった。また水田の開拓、水路の開鑿《かいさく》と維持、植えつけの準備、田植え、草取り、害獣除け、収穫と保存など多くの共同作業を必要とした。縄文時代とは大きく異なる労働の再編成と管理性の強い人間関係が生まれることになった。水稲耕作はそれぞれの作業に正確な季節的タイミングの見計らいが重要である。そこにはすぐれた農耕リーダーの存在が不可欠であった。共同作業の結果得られた収穫は共同所有物としてリーダーの管理のもとに保管されたであろう。福岡県葛川遺跡などで貯蔵穴だけを環濠で囲む例が見られる。それは翌年の生産にとって不可欠な種籾を含むものであった。種籾保管の重要性は一年生の草本による農耕に必然的にともなう。水稲耕作の場である水田は、地形との関係で拓ける場所が限られ、大量の労働力投下で得られた貴重な生産財である。それは増加する人口との関係で常に不足するものであり、激しい争奪の的になりうるものであった。またひでりのときに水を引く権利をめぐり、集団間の対立が起きやすい。まして一度飢饉に襲われるや、保存された収穫物は略奪の対象となる。水稲耕作社会は、他のいかなる社会にもまして、労働管理性が強く、集団間の緊張を生み出しやすい社会であったといえよう。

農耕が始まり、二〇〇年ほどもすると九州その他の日本の各地で集落の数が増え、規模も大きくなってきたことがはっきりと認められる。農耕の開始によって食料の生産が増え、人口が増えたのである。そうするとその人口を養うため、さらに多くの耕地が必要になってくる。北九州では弥生時代前期の終わりごろになると、小河川上流の狭い谷までが水田として開発されてくる。このようになると、耕地の確保や旱魃のときに水を引く権利をめぐって対立が現実のものになってくる。実際、武力的な衝突が頻発したことは、防衛のために周囲に空堀《からぼり》をめぐらした集落や高い山のてっぺんに位置した高地性集落、大量の大型の石鏃の生産、そして戦争の犠牲者の骨、つまり石や銅の剣の先が刺さったり、石の鏃《やじり》を打ち込まれた骨などの存在が物語っている。

そのような緊張状態が広がると、集落が個々に戦うのでは不利なので同盟を結ぶようになる。そこにひとつひとつの集落を超えた大指導者が出現する。また戦いに勝った集落は負けた集落を支配下に置くようになる。このようにして個々の集落を超えた一つの地域の政治的なつながり、つまり小さな国が生まれてきた。中国の前漢の歴史を記す『漢書』は紀元前一世紀のころの日本に一〇〇余りの国ができたと書いている。

紀元後一世紀になるとそのような国の中からはるか中国の都、当時は後漢の洛陽になるが、そこまで使者を送るものさえ現れてくる。そのようにして当時の日本にあった奴《な》という国の王が中国の皇帝から授かったのが、有名な「漢委奴国王（漢の倭の奴の国王）」と記された金印である。

さらに紀元後三世紀になると、卑弥呼という女王が治める邪馬台国のもとに多くの国々が連合するという状態になり、日本全体がひとつの政治権力のもとにまとめられる状況になってきた。

このころかあるいはその直後に古墳、とくに前方後円墳という統一的な形と設備を持つ、大きな人工の盛り土の墓が日本の広い地域で作られるようになる。この古墳の示す形の共通性は、日本が三世紀の終わりまでに大きな政治的連合体を形成していた証拠とみられている。そしてその古墳の中でも他の古墳と隔絶して巨大なものが奈良盆地に作られた。ここに日本全体に号令をかけるヤマトの王権が確立していた証拠を見ることができる。次の四世紀の終わりには日本の軍隊が朝鮮の百済の国を支援して朝鮮に出兵し、朝鮮北部の高句麗の国と戦うという状況さえ現れた。

このような政治的な変化と並行して社会も大きく変わった。人間が支配するものと支配されるものに分かれたのである。数千の人々を動員して人工的な山を造り自分の墓とする人と、そまつな穴に何の副葬品も添えられずに葬られる人の違い、階級差が生み出されたのである。わずかな装飾品の有無が階層や貧富の差の現れであるのかどうか議論されている縄文時代とは大変な違いであり、これこそ明確に階級と呼べるものである。

このように、政治組織も階層差も明確でなく、自然の営みに従って生計を立てていた社会に、一度進んだ農耕技術が導入されることによって、わずか六、七百年でこれほどの変化が起きたのである。六、七百年というと結構長いではないかと思われるかもしれないが、世界各地の文化的先進地域における農耕の始まりから国家の形成に至る時間にくらべると非常に短い時間である。

このような社会の激変の時代は、日本の歴史では、明治時代に近代的な技術、制度の導入によって急速な近代化をなしとげたのに似ている。そして明治時代に急激な近代的技術、制度を受け入れることができた前提条件として、江戸時代にすでに相当な経済的発達、知的水準が達成されていたことが指摘されるように、弥生時代に進歩した農耕を急速に受け入れることができたのは、縄文時代の人々がその受け入れを可能にする生活形態を身につけていたからだといえる。

アジアの中の縄文文化

さまざまな適応の途

縄文文化の確立は、後氷期の温暖化する気候に対する日本列島内の人間の適応の過程であった。草創期には、縄文時代一般とは異なってまだ狩猟が主な生業であったが、その草創期の狩猟といえども、すでに旧石器時代のそれとは異なった方向に適応したものであったらしい。草創期にあっても温暖な南九州においてはもっとも早く縄文的な植物食主体の定住性の高い文化が最初に現れ、その生活様式は気候の温暖化とともに列島の北へ広がっていった。しばらくして、関東地方の撚糸文系土器のころに縄文文化の基本的生活形態がさらに完全な形で確立したことが認められる。植物質食料の重要性、土器の大量使用、内湾・外海における漁撈、竪穴住居という定住性の高い住居型式の普及、犬と弓を使った狩猟、イノシシのキーピングなどである。

このころの日本の周囲を見渡すと、それぞれの地域で変化する環境への適応が行われていたことがわかる。中国華北の黄河流域ではその冷涼乾燥傾向の土地に向くアワを中心とする農耕が起こった。河北省磁山《じさん》、河南省裴李崗《はいりこう》、山東省後李《こうり》などが代表的遺跡で、シャベルである石鏟《せきさん》、収穫具の石鎌、製粉具の磨盤《まばん》と磨棒《まぼう》などがそろっており、土器も壺、鉢、支脚など器形変化に富むことから、確立した農耕文化であることがわかる。また長江下流域の浙江省河姆渡《かぼと》、中流域の湖南省彭頭山《ほうとうざん》などでは温暖湿潤な気候の中で稲を中心とする農耕が起こった。八〇〇〇年前までさかのぼるとされる彭頭山遺跡でも壺や鉢、皿など器形の分化が進んでいる。石器に農具として確かなものはないが、土器の胎土に籾が大量に混ぜられており、稲が栽培されていたことは確実である。

どこでも変化が起こったわけではない。更新世から完新世への気候の変化は、もともと温暖湿潤であった東南アジアにおいては人々に大きな生活の変化を迫るものではなかった。フィリピンのパラワン島で調査されたタボン洞穴群における二次加工の少ない剝片石器の文化は、三万年前から五〇〇〇年前まで大きな変化を示していない。ただ八〇〇〇年前以降になると海面が上昇して、遺跡の近くまで海が入りこんできたため、貝塚が残されるようになった。ボルネオのサバー州、ティンカユ湖周辺の文化も同様で、二万年前から五〇〇〇年前まで剝片を主要な石器とする文化が続いた。二万年前ころには両面加工の石器がともない、一万年前ころには石刃状の細長い剝片があるが、石器全体の様相は連続的である。ここでも完新世に入ると海の貝が見られるようになる。東南アジアの大陸部では島嶼部と対照的に礫器を主体とする文化が続いた。後期旧石器時代のソンヴィ文化、中石器時代とされるホアビン文化、バクソン文化である。ここにおいても更新世から完新世への文化の変化は小さく、石器は非常に連続的である。ホアビン文化では刃部を磨いた局部磨製石器が登場し、バクソン文化ではその量が増える。続くダブート文化では粗雑な作りの土器がともなうというように変化はゆっくり確実に進行しているが、文化全体としては連続性が顕著である。

このような東南アジアの状況と比較してみるなら、日本列島における更新世末から完新世初頭への変化は急激かつ複雑である。これは中国における農耕の開始とは別の形で新環境に対する適応が急速に行われたことを物語る。

同じアジアの中にも急激な変化を示さなかった地域、農耕による適応をとげた地域、農耕以外の方法で適応した日本のような地域の違いがあることをみた。世界の先史文化を農耕以前と農耕以後に分けて縄文文化を前者に含めることは、とりあえずの大分類として許されるとしても、強調しすぎれば、縄文文化が農耕ではない方法で新環境に適応したという重要な面を見失わせる危険がある。

中国で生まれた農耕文化は、やがて東アジア全体の命運を変えることになる文明を育むことになる。また長江流域で進歩し、完成した水稲耕作は、五〇〇〇年後に日本列島に上陸し、日本の文化を急激に変化させることになるが、それが到達するまでの間、日本では縄文文化という、大陸の農耕地域とはまったく別のありかたの文化が育まれ、変化していった。別の歴史のコースがとられたのである。

独自の進路

一度確立した縄文文化の変化はゆるやかであった。その生業は基本的に森林の植物食の採集を主体とし、次に内湾での漁撈、さらに狩猟と外海での漁撈が加わるものであった。一般的にいって北の地域ほど狩猟と漁撈に対する依存度が高かったが、その程度は時間的にも大きく振幅し、植物資源が豊かな時期に縄文文化は最高の繁栄をみせた。この点はとくに注意すべき点で、縄文文化を北方的な狩猟、漁撈文化の一部とみなすことはあまり適当でない。

森林の植物質食料の高度な利用は、早くからあったが、野生植物をアク抜きなどで食料化する技術を超えて、ついには森林に働きかけ、有用な樹木であるクリを人為的に増やす段階にまで達した。ヤマイモの増殖が行われた可能性も高い。これらはすでに一種の食料生産といってよいものであるが、その主な対象が樹木であったところに先進地域の農耕一般とは大きな違いがあった。そしてそれは自然の営みに人間が働きかけるのであって、完全に人工的な食料生産とは言いにくい面がある。一年ごとに新しい栽培を繰り返す穀物の農耕とちがって、樹木の育成は変化がゆるやかであり、人間の関与がはっきりとした形ではあらわれない。

新石器時代と呼ぶのに何のためらいも感じさせない縄文文化の水準は、そもそも日本列島の温帯森林が豊かであったためにもたらされたものなのか、それを人間がうまく改変して豊かにした部分によるところが大きいのか、判断は難しく、今後の研究に委ねなければならないが、すくなくとも東日本の縄文中期の突出した繁栄は、後者なしには達成されなかったであろう。

農耕開始の遅れ

日本の先史文化を大きく眺めてみると、縄文文化は非常に古い、現在知られているなかでは世界でもっとも古い土器をもつ文化である。そして狩猟採集を基盤とする文化としては稀なほど発達した文化であり、それはついに森林の資源の人為的増殖の段階に達し、有用な植物の栽培も行った。ところが、この縄文文化が本格的な農耕社会、穀物の栽培を経済的基盤にする社会に移行するのは非常に遅い。中国より五〇〇〇年も遅れている。この早く発達した縄文文化と弥生の本格的農耕文化の始まりの遅さのアンバランスが日本先史文化の特徴として非常に目立つ。別の言い方をすると、完新世の初めに農耕とは別のコースをとった縄文文化が頑としてコースを変えることがなかった。とくに最近発見された資料が確実で縄文中期にコメやムギが日本列島に到達していたのなら、この時点からコースを変えるための鍵は入手されていたのに、その鍵が使われることはなかったことになる。これはなぜであろうか。

日本の文化を最終的に大きく変えることになったのは、長江流域で生まれた稲作の技術であっ

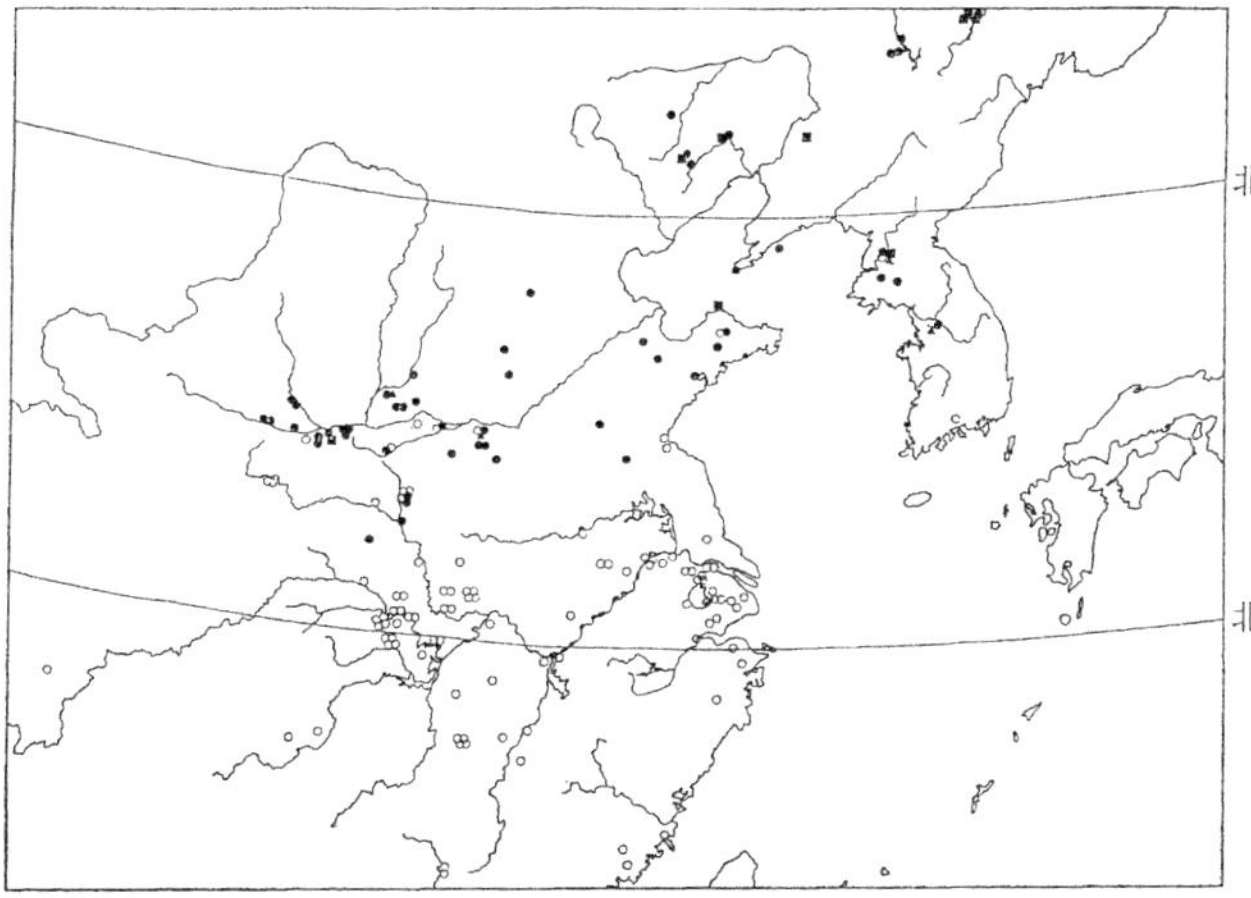

図33　東アジアにおける穀物が出土した新石器時代遺跡の分布
○：コメ，●：アワ，■：キビ，▲：コウリャン

た。これが冷涼な気候に適応しながらゆっくり北上してどこかで朝鮮半島に渡り、半島を南下して海を渡り、日本に伝わるのに長い時間がかかったというのもひとつの説明である。しかし不思議なのは、稲作が遠回りをして日本に到着したのなら、なぜそれより前に、地理的にもっと近い中国華北の畑作農耕（図33）が日本に伝わらなかったのであろうか。いや縄文中〜後期とされるコメやムギがその遠い波及を示す痕跡とみなすべきなのかもしれない。しかし、それが続いて農耕の発展を引き起こすこともなく、縄文人の生活にも目にみえるほどの影響を与えなかった。つまりコースの変更は起こらなかった。

日本の自然と水稲耕作

ここで注目したいのが、日本の温暖多雨な気候条件である。一年を通じて植物の成育に不足しない雨量があるが、とくに日射量の多い夏に雨が多い。このことが日本の気候の大きな特徴で、これは植物の成育にとって非常に条件が良い。温帯地域のうちでは世界でももっとも植物の成育条件が良いのである。これは冬に雨が多い南ヨーロッパとはまったく対照的な気候であるし雨量の少ない華北とも異なっている。すでに見てきたように、この植物成育の好条件が縄文文化の豊かな森林資源をもたらしたのである。ではこの条件が農耕を始めるにあたっても同じように良い条件になったのであろうか。植物の成育条件が良いということは、必ずしも農耕で対象とする作物に対してだけ良いわけではない。確実に言えることは、このような条件のもとでは植物どうしの生存競争が非常に激しいということである。したがって、日本における農耕はこの植物どうしの生存競争に人間が介入するという形をとらざるをえない。

植物どうしが生存競争をしているといってもピンと来ない人が多いかもしれない。しかしたとえば普通の草地でも、一メートル四方あたり年に数千という数のさまざまな草の種が落ちるが、その中で芽を出し大きく成長できるのはほんの一部にすぎない。植物の成育にとって欠かせないのが水と日光である。しかし日本のように一年を通じて植物の成育に必要な水分がほぼ十分にある地域では、植物の生存競争はもっぱら太陽の光の争奪をめぐって行われる。早く大きくなって高い位置で葉を広げ、光を独占したものがさらに大きくなり多くの光を集めることができる。日本の場合、長い年月の間に最終的には樹木が勝って空を覆い、草は成長することができなくなる。日本の気候のもとでは、草地というものは、人が木を切ったり、森を燃やさなければできないのである。

このような植物どうしの生存競争が熾烈な状況のもとで農耕を行うには、何といっても作物の生存競争の敵である雑草を退治すること、除草がもっとも大きな課題になる。除草をしないで作物の種を播いても、日本在来の強い雑草に負けて、まったく生産につながらない。除草は絶対に必要である。しかし一人の人が除草できる面積は限られている。その面積に集中的な労働力投下をして、それにみあうだけの収穫が得られるかどうか、それが問題なのである。

この日本での農耕開始に要求される条件に対して、水稲耕作は実にうまく当てはまる（今村啓爾「稲作と日本文化の形成」『東京大学公開講座　コメ』、一九九五年）。まず何といっても日本の夏の高い気温、これは夏だけとれば熱帯と変わらない。加えて夏の降水量の多さが稲の栽培に適している。そして米の収量の高さである。他の作物、例えば西洋でもっとも一般的に栽培された小麦などに比べて際立っている。もちろん植え方、育て方で収量は大きく変わってくるので一がいに何倍といった比較はできないのであるが、ひとつの参考になる数字として、一九世紀のドイツでは一〇㌃あたりの麦の収量が一五〇㌔くらいであった。日本ではそれより二〇〇年も前の『会津農書』という本に中等度の水田で年に三五〇㌔の米がとれると書いてある。確実な数字ではないが、古代ローマで一〇㌃当たり小麦が六〇〜七〇㌔、古代の日本で同じ面積から六〇〜一〇〇㌔の米がとれた。数字は近いが、そのころローマは畑を二つに分けて二年に一回しか植えつけしない二圃式の耕作であったし、驚くべきことに、播いた小麦の量の二〜三倍しか収穫がなかったという。言い換えれば全収穫の三分の一から半分を次の年にまた畑に播かなければならなかったのである。これにくらべれば米は一定面積からどれだけ収穫があるかが問題になっても、収穫の何分の一を翌年の種籾にまわすかは、大きな問題ではない。それだけ生産性が高いのである。

次に水稲耕作の有利な点として、半永久的に同じ場所で毎年生産ができる、連作の可能な稀な農耕であることが指摘できる。古代・中世のヨーロッパで小麦を植えるには、土地を二つ三つに分けて交代で耕作しないと養分が急激にやせてしまって収穫ができなかった。これに対して水田では、水の流れによって無機養分が補給され、水をたたえることによって土壌が中性に近くなるため土壌中のリン酸が溶け出してくる。また稲刈り後の田の水を落とすことによって、窒素の補給が促進される。このようなことから、水田では施肥をしなくても一定のレベルで連作ができる。稲には多くの作物に見られる連作障害もない。

また雑草に対しても都合の良いことに、水をはることによって陸棲の雑草の発生を抑えることができる。そして雑草を抜こうとしても土が柔らかいので抜きやすい。

さらに傾斜地の多い日本の地形も水田を営むのに有利な条件であった。平らなほうがいいのではと思われるかもしれないが、今、数千メートルにわたってほとんど高低差のないまっ平らな大陸の平野とその一〇メートル下を流れている川を想像していただきたい。この川の水を平野の上に引くには、平野面より高い位置を川が流れているところで水をとって水路に入れなければならない。非常に遠くからの長い水路が必要になる。初期の農耕の段階ではそのような大工事は不可能であった。箱庭的な地形のほうが小さな工事で容易に水を引き水田を造成することができるのである。

ここで日本の水稲耕作の大きな特徴である田植とは何か考えてみたい。あらかじめ苗代で苗を大事に育て、ある程度の大きさに育ったらそれを本田に植え替えるのが田植である。本田は田植の前に十分耕され、それまでに育った雑草を埋めて殺す。つまり稲にとっての生存競争相手をすっかり除いた状態を作りだし、そこにある程度育った稲の苗を植えてやることによって、稲が有利に生存競争できるようにしてやるのだ。あとから雑草が生えてきても、稲のほうが背が高いから太陽の光を雑草に奪われることがない。もちろん後から生えてくる雑草も抜いてやる必要がある。苗を点々と株状に植えるのは、そうしないと後から生えてくる雑草を抜くことができないからである。雑草と稲がごちゃ混ぜで生えたら、稲だけ残して抜くのは大変である。

日本の平野部を広く覆うクロボク土は黒色で、一見肥沃に見えるが、実際は農耕に不向きのやせた土である。腐植の含有量は多いが、火山灰を母材としリン酸を固定してしまうため作物は吸収することができない。この土で収穫をあげるためには堆肥のすき混みなど長年にわたる土壌改良が必要で、要求される労働量は水田の比ではない。収穫は水田に遠く及ばないし、連作すればすぐに収量が減る。このような土地で早くから畑作中心の農耕が起こることは考えにくい。中心に水稲耕作があったうえでの補助としての畑作がせいぜいであろう。

半栽培・栽培と農耕

このような日本の気候条件と植物成育の条件を考えると、日本に移植され、縄文時代の人々が受け入れることができる農耕は、どんなものでもよかったわけではないのだということが分かってくる。縄文時代の人々は、自然をうまく利用した自分たちの優れた経済システムを作り上げていた。それを改変しない範囲内で有用な植物の栽培を採用することは容易であった。しかし、よほど有利な生業方式が来ない限り、従来からの安定した経済のシステムを捨ててまで農耕に移ることはなかったであろう。そのような農耕は日本の自然条件からいって、たとえ多くの労働力を必要としても、高く、安定した収穫の得られる農耕でなければならなかった。水稲耕作がその条件にぴったりだったのである。ただしその移植には農耕のシステムを知る渡来人の存在が不可欠であったと思われる。

縄文時代の植物利用は、エゴマ、リョクトウ後にコメ、ムギなどのある程度の栽培をともなったとしても、基本的に日本列島の豊かな森林の営みに乗っかり、それに順応する形での利用、採集ないしは半栽培にとどまるものであった。弥生時代には縄文の場合とは対照的に人為的に管理された植生を作りだす形で、やはり日本の自然条件に対する適応がなしとげられた（「狩猟採集経済の日本的性格」『新版古代の日本』1、一九九三年）。私は日本ではこの段階から農耕と呼ぶのがよいと考える。栽培・半栽培は社会を急速に変える経済的な力にならなかったが、農耕は急速に進行する変化をもたらした点において、歴史上の役割に決定的な違いがあった。

国家と民族の形成

このようにして日本ははじめてアジアの農耕社会に合流した。日本は自然の生み出すものに依存する社会から投下労働量を生産に転化する社会へ一八〇度の転換を遂げた。労働が生産へ、生産が人口増へ、人口増が再び労働増へと連鎖していった。これにより日本は急速な生産増加と人口増加をなしとげた。生産による余剰の発生だけでなく、水稲耕作に本質的にともなう労働管理の強さ、土地との結びつきの強さは、集団間の緊張を生み出しやすく、急速に階級社会と国家の形成を促した。その維持と強化のために先進社会・大陸の国家の権威を借り、また先進技術・制度・思想をとりいれ、急速に文明化、古代国家化を進めた。稲作の生み出す余剰と生産物の集中管理はそのための費用を賄うことができた。この水稲耕作の始まりから律令制国家の成立に至る変化の早さは世界的に見ても例の少ないものであろう。ここで注意すべきことは、この急激な変化が、中国帝国の拡大という形を取らずに、日本の自発的な文化摂取によってなしとげられた点である。この点において、日本は自律的な社会発展を最後まで貫徹することのできた地域のひとつということができる。その背景には日本が中国から一定の距離を置いた島国であっただけでなく、遠くさかのぼって高度な農耕技術の受容を可能にした縄文文化のレベルの高さがあげられる。

この水稲耕作が広まった地域には、稲作を中心的生業として維持できなかった東北地方北部を除いて、三世紀から前方後円墳という共通する型式の支配階級の墳墓が作られるようになり、やがてその範囲が古代律令制国家の統治範囲となった。縄文以来の狩猟採集が経済の基盤でありこれに雑穀栽培が付け加わった東北地方北部と北海道は、日本という国家の外の地域となり、その後日本民族とは自他ともに考えない人たちの居住地となった。南西諸島の経済的基盤についてはまだ十分解明されていないが、水稲耕作をその重要部分として持った可能性は薄く、古墳文化の影響を受けることもなく、やはり日本国家の外に置かれた。縄文文化の範囲から北端と南端を差し引いた中央の部分に日本の国家と民族が成立したのである。

縄文文化を日本の基層文化だという人たちがいる（梅原猛『日本の深層―縄文・蝦夷文化を探る―』、一九八三年など）。そのような主張は多分に直観的な文化重層観によってなされており、文化の変化・交替のプロセスをきちんと追ったものではない。確かに縄文人の遺伝子は、その後の渡来人の遺伝子によって薄められつつも、現在の日本人の中に残っているであろう。縄文時代にその半栽培が行われたクリは、日本の中で栽培化されたもっとも重要な作物であろう。ドングリやトチノミも山村では近年まで食料として一定の位置を占めていたし、陥穴猟も縄文以来のものかもしれない。縄文と弥生を比べてみると、前者から後者に伝えられた文化要素は少なくない。しかしその多くは生活の変化の前にまもなく消えていったのであり、それらが日本文化の形成という点で果たした役割は小さい。むしろ、縄文文化の役割は、弥生文化への転換を可能にした文化社会的基盤を用意したことにあり、縄文文化の基本的なありかたは弥生への転換によって失われたことを直視すべきであろう。

縄文的な生活様式がその後も比較的強く残ったのは、第一に北海道であり、第二に南西諸島である。人類学者によれば大陸系の遺伝子との混血が弱かったのもそれらの地域であるという。この二つの地域は、近世になるまで、政治・社会制度の上で日本の外であった地域であり、近世になって日本の間接的支配が及んでも、民族意識の上で日本の外にあった。このような脈絡において、縄文文化は日本列島全体の歴史にかかわってくる。縄文文化は日本列島に居住したすべての人々の歴史という視座を設定する点において、列島の歴史の原点である。しかし普通にいうところの日本文化、ヤマトの文化は、縄文の要素をもっとも排除した地域に生まれたのであるから、縄文文化を日本文化の基層というのは適当とは思われない。

縄文文化の系統をヤマトよりおそくまで残した地域におけるその後の文化の変化と社会の展開を見るには、あまりに多くのことがらを取りあげなければならないし、私自身今から学ばなければならないことが多すぎる。与えられた紙数をすでに大幅にうわまわっていることを口実に筆を置かなければならないが、弥生や周辺の文化との比較によって縄文文化の本質がわかるように、日本列島の両端に続いた文化を知ることによって、はじめて「日本文化」と「日本民族」の形成を相対的に理解する道が開けることを強調したい。

挿図出典

図1 杉原荘介『群馬県岩宿発見の石器文化』明治大学文学部研究報告第一冊、一九五六。
図2 山内清男・佐藤達夫「青森県上北郡東北町長者久保遺跡発掘報告」『下北』、一九六七。
藤沢宗平・林茂樹『神子柴遺跡第一次発掘調査概報』古代学九—三、一九六一。
図3 仙台市教育委員会『富沢遺跡』仙台市文化財調査報告書第一六〇集、一九九二。
図4 W. Dansgaard et. al. *Climatic record revealed by the Camp Century ice core.* K.K. *Turekian (ed.) The Late Cenozoic Glacial Ages.* Yale University Press, 1971.
図5 山下勝年ほか『先苅貝塚』南知多町文化財調査報告書四、一九八〇。
図6 前田保夫・山下勝年・松島義章・渡辺誠「愛知県先苅貝塚と縄文海進」『第四紀研究』二二—三、一九八三。
図7 江坂輝彌「自然環境の変化」『古代史発掘』二、講談社、一九七三（簡略化したもの）。
図9 中村孝三郎『小瀬が沢洞窟』長岡市科学博物館、一九六〇。
図10 雨宮瑞生ほか『掃除山遺跡』鹿児島市埋蔵文化財発掘調査報告書一二、一九九二。
図11・12 今村啓爾ほか『東京天文台構内遺跡』東京大学東京天文台、一九八三。
図13・14 今村啓爾ほか『霧ヶ丘』霧ヶ丘遺跡調査団、一九七三。
図16 青森県教育委員会『長七谷地貝塚』青森県埋蔵文化財発掘調査報告書第五七集、一九八〇。

図17　佐藤伝蔵・鳥居龍蔵「武蔵国北豊島郡中里村貝塚取調報告」『東京人類学雑誌』一二一号、一八九六。
図18　中野益男「残留脂肪酸による古代復元」『新しい研究法は考古学に何をもたらしたか』クバプロ、一九八九。
図21　今村啓爾「縄文時代の住居址数と人口の変動」『住の考古学』同成社、一九九七。
図22　佐々木勝ほか『東北新幹線関係埋蔵文化財調査報告書Ⅶ（西田遺跡）』岩手県教育委員会、一九八〇。
図24　佐賀県立博物館『坂の下遺跡の研究』佐賀県立博物館調査研究書第二集、一九七五。
図25　今村啓爾 *Prehistoric Japan: New perspectives on insular East Asia.* University College London Press, 1996.
図26　赤沢威・南川雅男「炭素・窒素同位体に基づく古代人の食生活の復元」『新しい研究法は考古学になにをもたらしたか』クバプロ、一九八九（改編）。
図27　勅使河原彰『縄文文化』新日本新書四八八、新日本出版社、一九九八。
図28　南久和ほか『金沢市新保本町チカモリ遺跡――遺構編――』金沢市文化財紀要三四、一九八三。
図31　調布市教育委員会『調布市下布田遺跡――昭和五六年度範囲確認調査――』調布市埋蔵文化財調査報告一六、一九八一。
図32　山崎純夫編『福岡市野多目遺跡群』福岡市埋蔵文化財調査報告書一五九、一九八七。
図33　松村真紀子「東アジア出土新石器時代穀物の年代的分布」『季刊考古学』三七、一九九一。

あとがき

私は三年前に日本先史文化を英文で紹介する目的で、*Prehistoric Japan : New perspectives on insular East Asia*（先史時代の日本：島嶼部東アジアの新展望、ロンドン大学出版・ハワイ大学出版、一九九六年）という本を出したが、本書はその中の縄文時代の部分を二倍ほどに拡大したような内容になっている。縄文時代を主題にしたのと引き替えに、前後の時代を通じての歴史の大きな流れ、日本列島全体の住民の歴史という視点が後退したのはやむをえない。もちろん日本にはそれぞれの専門家による多くの本があるので、私が生半可な知識で縄文時代以外のことまで書く必要もないであろう。ただ前書きでも強調したように、縄文時代の特徴は、縄文時代だけいくら詳しく見てもわからないところがある。日本の周辺地域や前後の文化と比較してみてはじめてはっきりと浮かび上がる。本書が限られた紙面にもかかわらず、弥生時代やアジア全体の動向にもページを割いたのはそのためである。

そのほか社会についても考え、縄文の階層、文明、都市といった今はやりの問題についても言及した。近年の学界の傾向（というよりマスコミが好んで報道する一部の研究者の意見）に反して、私はそれらに否定的である。これもまた縄文時代だけでなく、前後を通じての社会の動き、アジア全体の動きを展望し、どこに歴史の転換点があるのかをみきわめようとするところから来るものである。

Prehistoric Japan では言葉を出しただけの「森林性新石器時代」という概念を本書ではっきり打ち出したが、三内丸山遺跡において、縄文時代にクリ林の育成が行われたことが確実になったことを受けている。縄文時代の資源利用の形という点では、東京の中里貝塚の情報も重要である。この二つなしでは今日とても縄文時代を語ることはできないと思われるほどであるが、*Prehistoric Japan* はまだどちらの情報もないときに書かれた。だから考古学は怖い。まだまだ同じようなペースで発見が続くのだとしたら本書も遠からず時代遅れになってしまうのであろう。

こう書いて脱稿した後、二つの新聞記事に接した。幸い本書の内容を改める必要をもたらすようなものではないが、読者に誤解を与える可能性のある記事なので補足しておきたい。

第一は朝日新聞四月十七日夕刊の第一面トップの「縄文の起源四五〇〇年古く」「青森で一万六五〇〇年前の土器片」という記事である。本書でもとりあげた青森県大平山元遺跡の再調査で出土した土器の記事で、その存在自体は別に新発見でも何でもない、要はその年代を最新の方法で測定した結果、一万六五〇〇年前の年代が出たという。本書で述べたように（七頁）放射性炭素年代は、地球の大気中の放射性炭素濃度が一定であることを前提としているが、実はそれが一定ではなく長い間に少し変化したことが知られている。したがって一定であることを前提とした年代と本当の年代との間にはずれがある。これを補正する方法が工夫されているが、その方法を適用したところこのような年代になったということらしい。同じ補正を加えれば他の年代もみな同様に古くなる。日本だけでなく世界中の同じ頃の年代が同じくらい古く換算されるのだから、数字は一様に古くなるけれど相互の関係には何の影響もない。まるで縄文の起源だけが古くなったような記事の書き方は誤解を招くだけである。センセーショナルな第一面の記事よりも、年代測定法の進展を解説する地味な学術的記事がふさわしい。

さて補正した年代と補正しない年代を比較したらとんでもないことになることは言うまでもないが、補正の方法自体世界に何種類もあるので、異なった補正法を適用された年代を混用しても混乱が起きる。だから二二頁で記したように本書では補正した数値は一切用いていない。どの補正法を用いるか、将来世界の学者の合意が得られた後にこれを行うべきと考えている。

もうひとつは、四月二十二日ごろ多くの新聞に報道された岡山県の朝寝鼻《あさねばな》貝塚の縄文前期、六〇〇〇年前の地層から稲のプラントオパールが発見されたという記事である。プラントオパールのような微小な物質は水や小動物の活動などで土の中を移動する可能性を考慮しなければならないが、その年代が正しいとしても、当時の稲が人間生活に及ぼした影響が小さく限定されていることは、同じ県の中期の場合と同じである。顕微鏡で細かく見るのと同時に稲の存在が当時の人間の生活や社会にどう影響したかを大きく見る必要がある。繰り返しになるが、弥生時代と較べなければ縄文の稲の意味は理解できないのである。

最後に、本書が紙面の制約から参考文献を十分提示できなかったことについて、依拠した発掘調査報告書や論文の著者にあやまらなければならない。現在の日本考古学の大きな発展は、その大部分が日々発掘調査とその分析に携わっている現場の調査員の努力によってもたらされたものであるが、一般の読者はそこまでさかのぼって専門的な知識を求めることはないであろう。また論文の類も専門家なら知っているであろうものは省略し、やや特殊な考え方や事実で、いったいどこから引用したのであろうと思われそうな点のみ参考文献をあげた。特殊なものに偏った理由はそこにある。

一九九九年五月

今村啓爾

著者紹介

一九四六年、東京都生まれ

一九七四年、東京大学大学院人文科学研究科博士課程中退

現在、東京大学大学院人文社会系研究科教授

主要著書

霧ヶ丘〈編〉　民族の世界史六〈東南アジアの民族と歴史〉〈共著〉　*Prehistoric Japan: New prespectives on insular East Asia*　戦国金山伝説を掘る

歴史文化ライブラリー
76

縄文の実像を求めて

一九九九年一〇月一日　第一刷発行

著者　今《いま》村《むら》啓《けい》爾《じ》

発行者　林　英　男

発行所　株式会社　吉川弘文館

東京都文京区本郷七丁目二番八号

郵便番号一一三―〇〇三三

電話〇三―三八一三―九一五一〈代表〉

振替口座〇〇一〇〇―五―二四四

印刷＝平文社　製本＝ナショナル製本

装幀＝山崎　登

歴史文化ライブラリー

1996.10

刊行のことば

現今の日本および国際社会は、さまざまな面で大変動の時代を迎えておりますが、近づきつつある二十一世紀は人類史の到達点として、物質的な繁栄のみならず文化や自然・社会環境を謳歌できる平和な社会でなければなりません。しかしながら高度成長・技術革新にともなう急激な変貌は「自己本位な刹那主義」の風潮を生みだし、先人が築いてきた歴史や文化に学ぶ余裕もなく、いまだ明るい人類の将来が展望できていないようにも見えます。このような状況を踏まえ、よりよい二十一世紀社会を築くために、人類誕生から現在に至る「人類の遺産・教訓」としてのあらゆる分野の歴史と文化を「歴史文化ライブラリー」として刊行することといたしました。

小社は、安政四年（一八五七）の創業以来、一貫して歴史学を中心とした専門出版社として書籍を刊行しつづけてまいりました。その経験を生かし、学問成果にもとづいた本叢書を刊行し社会的要請に応えて行きたいと考えております。

現代は、マスメディアが発達した高度情報化社会といわれますが、私どもはあくまでも活字を主体とした出版こそ、ものの本質を考える基礎と信じ、本叢書をとおして社会に訴えてまいりたいと思います。これから生まれでる一冊一冊が、それぞれの読者を知的冒険の旅へと誘い、希望に満ちた人類の未来を構築する糧となれば幸いです。

吉川弘文館

〈オンデマンド版〉
縄文の実像を求めて

歴史文化ライブラリー
76

2017年（平成29）10月1日　発行

著　者　今《いま》村《むら》啓《けい》爾《じ》
発行者　吉川道郎
発行所　株式会社　吉川弘文館
〒113-0033　東京都文京区本郷7丁目2番8号
TEL　03-3813-9151〈代表〉
URL　http://www.yoshikawa-k.co.jp/

印刷・製本　大日本印刷株式会社
装　幀　清水良洋・宮崎萌美

今村啓爾（1946～）

ISBN978-4-642-75476-7